Merveil NGUBU

# Les Bienfaits de la méditation biblique

AF535672

Merveil NGUBU

# Les Bienfaits de la méditation biblique

Tome 1

Éditions Croix du Salut

**Imprint**
Any brand names and product names mentioned in this book are subject to trademark, brand or patent protection and are trademarks or registered trademarks of their respective holders. The use of brand names, product names, common names, trade names, product descriptions etc. even without a particular marking in this work is in no way to be construed to mean that such names may be regarded as unrestricted in respect of trademark and brand protection legislation and could thus be used by anyone.

Cover image: www.ingimage.com

Publisher:
Éditions Croix du Salut
is a trademark of
Dodo Books Indian Ocean Ltd. and OmniScriptum S.R.L publishing group

120 High Road, East Finchley, London, N2 9ED, United Kingdom
Str. Armeneasca 28/1, office 1, Chisinau MD-2012, Republic of Moldova, Europe
Printed at: see last page
**ISBN: 978-620-6-16838-6**

Copyright © Merveil NGUBU
Copyright © 2023 Dodo Books Indian Ocean Ltd. and OmniScriptum S.R.L publishing group

BY MERVEIL NGUBU

Les Bienfaits de la méditation Biblique

# Introduction à la méditation biblique

Psaumes 1 :1-3 : « heureux l'homme qui ne marche pas selon le conseil des méchants, qui ne s'arrête pas sur la voie des pécheurs, et qui ne s'assied pas en compagnie des moqueurs, mais qui trouve son plaisir dans la loi de l'éternel, et qui la médite jour et nuit ! il est comme un arbre planté près d'un courant d'eau, qui donne son fruit sa saison, et dont le feuillage ne se flétri point ; tout ce qu'il fait lui réussit ».

La méditation biblique est l'une des disciplines spirituelles auxquelles aucun enfant de Dieu ne peut s'y soustraire. Car la discipline de méditer la Bible est une qualité très importante à avoir. Elle garde notre corps, notre esprit et notre âme sous contrôle du Saint-Esprit.

Elle est certainement une échelle vers le succès parce qu'elle fait ressortir le meilleur de nous-mêmes. Que ce livre de la loi ne s'éloigne point de de ta bouche ; médite-le jour et nuit ; pour agir fidèlement selon tout ce qui est écrit ; car c'est alors que tu auras du succès dans tes entreprises, c'est que tu réussiras.

La raison pour laquelle plusieurs chrétiens sont frustrés, et échouent lamentablement c'est parce que la méditation biblique ne fait partie intégrante de leur vie. Le seigneur dans sa parole, nous donne trois éléments déclencheurs : la proclamation de la parole, la méditation de la parole, et l'obéissance à la parole.

- **La proclamation de la Bouche**

C'est du fruit de sa bouche que l'homme rassasie son corps, c'est du produit de ses lèvres qu'il se rassasie. Proverbes 18 :20

Tout commence par la parole, l'univers est créé par la parole, la mort et la vie sont au pouvoir de la parole, la bénédiction et la malédiction sont au pouvoir de la parole, le bonheur et le malheur sont au pouvoir de la parole. Tout ce qui sort de notre bouche est très important.

Il y a un pouvoir spirituel de la proclamation de la parole, fais attention à ce qui tu dis, car elle peut certainement arriver. Job a dit : « je ne mourrai pas, je vivrai ». Le psalmiste a dit : « tu ne mourras, tu vivras, et tu raconteras les œuvres de l'éternel dans ta vie ». Il est écrit : « tu dis, et la chose arrive ; tu ordonnes, elle existe ».

- **La méditation de la parole**

Le dictionnaire Larousse nous que méditer c'est s'absorber dans ses pensées, dans une profonde réflexion.

## Six étapes de la méditation Biblique

Alors que la question du pourquoi méditer la Bible est connue de tous, et la réponse de comment méditer demeure encore floue dans la tête de plusieurs. Nous répondons en six étapes :

1. Lire le passage ou verset à haute voix
2. Prier pour demander la révélation par rapport à cette parole et comment l'appliquer dans sa vie quotidienne.
3. Déclarer cette parole en l'appliquant à sa propre vie
4. Louer Dieu à travers cette parole
5. Faire le combat spirituel avec cette parole
6. Apprendre un verset du passage par cœur et se répéter dans la journée

- **L'obéissance à la parole de Dieu**

Deutéronome 28 :14, nous donne la liste de toutes les promesses de Dieu qui s'attachent à nous si nous nous sommes obéissants à la parole de Dieu.

1. Si tu obéis à la voix de l'éternel, ton Dieu, en observant et en mettant en pratique tous ses commandements que je te prescris aujourd'hui, l'éternel, ton Dieu te donnera la supériorité sur toutes les nations.

2. Voici toutes les bénédictions qui se répandront sur et qui seront ton partage, lorsque tu obéiras à la voix de l'éternel, ton Dieu.

3. Tu seras béni dans la ville, et tu seras dans les champs.

4. Le fruit de tes entrailles, le fruit de ton sol, le fruit de tes troupeaux, les portées de ton gros et de menu bétail, toutes ces choses seront bénies.

5. Ta corbeille et ta huche seront bénies.

6. Tu seras béni à ton arrivée et à ton départ.

7. L'éternel te donnera la victoire sur tes ennemis qui s'élèveront contre toi ils sortiront contre par un seul chemin, et ils s'enfuiront par sept chemins

8. L'éternel ordonneras à la bénédiction d'être avec toi dans tes greniers et dans toutes tes entreprises. Il te bénira dans le pays que l'éternel, ton Dieu te donne.

9. Tu seras pour l'éternel un peuple saint, comme il te l'a juré, lorsque tu observeras les commandements de l'éternel, ton Dieu, et que tu marcheras dans ses voies.

10. Tous les peuples verront que tu es appelé du nom de l'éternel, et ils te craindront.

11. L'éternel te comblera de biens, en multipliant le fruit de tes entrailles, le fruit de tes troupeaux et le fruit de ton sol, dans le pays que l'éternel a juré à tes pères de te donner.

12. L'éternel t'ouvriras son bon trésor, le ciel, pour envoyer à ton pays en son temps et pour bénir tout le travail de tes mains ; tu prêteras à beaucoup de nations ; et tu n'emprunteras point.

13. L'éternel fera de toi la tête et non la queue, tu seras toujours en haut et tu ne seras jamais en bas, lorsque tu obéiras aux commandements de l'éternel, ton Dieu, que je te prescris aujourd'hui, lorsque tu observeras et les mettra en pratique.

14. Et que tu ne te détourneras ni à droite ni à gauche de tous les commandements que je vous donne aujourd'hui, pour aller après d'autres dieux et pour les servir.

# Chapitre 1 : Les avantages de la méditation Biblique

La méditation nous offre beaucoup d'avantages pour notre croissance spirituelle, émotionnelle et morale. Grande est la joie de celui découvre les trésors de la Bible.

Psaumes 119 :97 « combien j'aime ta loi, elle est tout le jour l'objet de ma méditation ».

- Cessez de trouver des excuses, que votre désir de méditer la parole de Dieu devienne une réalité.

Josué 1 :8 « Que ce livre de la loi n'éloigne point de ta bouche, médite-le jour et nuit pour agir fidèlement selon tout ce qui y écrit ; car c'est alors que tu auras du succès dans tes entreprises, c'est alors que tu réussiras ».

II Timothée 1 :13-14 « retiens dans la foi et dans l'amour qui est en Jésus-Christ des saines paroles que tu as reçues de moi, garde le bon dépôt, par le Saint-Esprit qui habite en nous ».

- Mangez avec appétit la nourriture de la parole de Dieu pour grandir à la mesure de la stature parfaite de christ.

Ephésiens 4 :12-13 « pour le perfectionnement des saints en vue de l'œuvre du ministère et de l'édification du corps de christ, jusqu'à ce que nous soyons tous parvenus à l'unité de la foi et de la connaissance du fils de Dieu, à l'état d'homme fait, à la mesure de la stature de christ ».

Ezéchiel 3 :1 « il me dit : fils de l'homme, mange ce que tu trouves, mange ce rouleau, et va, parle à la maison d'Israël ».

Méditer en hébreu c'est « hagah » qui signifie : rugir, imaginer, pousser des cris, et grommeler.

Méditer en grec c'est « Meletao » qui signifie : prendre soigneusement soin, s'exercer, combiner et inventer. Meletao a été trouvé dans deux verset biblique du nouveau testament. Actes 4 :5 et 1 Timothée 4 :15

A travers ces deux significations étymologiques, nous pouvons donc définir la méditation Biblique comme étant une réflexion profonde sur les vérités et réalités spirituelles révélées dans la Bible.

- La méditation biblique nous procure l'excellence de la connaissance de Jésus-Christ. Philippiens 3 :7-8 « mais ces choses qui étaient pour moi des gains, je les ai regardés comme une perte, à cause de Christ. Et même je regarde toutes choses comme une perte, à cause de l'excellence de Jésus-Christ mon seigneur, pour lequel j'ai renoncé à tout ; je les regarde comme de la boue, afin de gagner Christ ». Ces choses qui étaient pour des gains ou prioritaires, je les regarde comme de la boue, cela peut désigner les déchets alimentaires ou les excréments.

- La méditation de la bible amplifie notre capacité spirituelle à écouter et à reconnaitre la voix du bon berger au milieu de plusieurs voix. Jean 10 : 4 « lorsqu'il a fait sortir toutes ses propres brebis, il marche devant elles ; et les brebis le suivent, par ce qu'elles connaissent sa voix. Elles ne suivront point un étranger ; mais elles fuiront loin de lui, par ce qu'elles ne connaissent pas la voix des étrangers ». Esaïe 50 :4 « le seigneur, l'éternel m'a donné une langue exercée, pour que je sache soutenir par la parole celui qui est abattu ; il éveille, chaque matin, il éveille mon oreille, pour que j'écoute comme écoutent les disciples ».

- C'est par la méditation biblique que nous découvrions le sentier de tous les commandements de l'éternel. Psaumes 119 :35 « conduis-moi dans le sentier de tes commandement ». Toutes les directives de Dieu portent la signature de sa parole.

- La méditation quotidienne de la bible est à votre vie spirituelle ce que la nourriture est à votre vie physique, de même que le corps a nécessairement besoin de la nourriture pour maintenir l'équilibre énergétique, de même l'âme a nécessairement besoin de se nourrir spirituellement de la parole de Dieu pour gagner du poids sur la chair. Matthieu 4 :4 « jésus répondit : il est écrit ; l'homme ne vivra pas de pain seulement, mais de toute parole qui sort de la bouche de Dieu ».

- Une bonne habitude quotidienne de la méditation biblique et des prières peut constituer en nous un réservoir spirituel à partir duquel le Saint-Esprit peut ajouter sa puissance, sa sagesse et son onction. 1 Timothée 6 :20 « O Timothée, garde le dépôt, en évitant les discours vains et profanes, et les disputes de la fausse science ». Dans ce contexte, le dépôt correspond à l'ensemble des vérités bibliques qui d'une certaine façon était l'objet des attaques sataniques. Paul exhorte son fils spirituel « Timothée » d'éviter les discours vains et profanes, littéralement paroles profanes et vides pour se concentrer à son ministère.

- La méditation biblique n'est pas une option mais plutôt un impératif divin. Esaïe 34 :16 « consultez le livre de l'éternel, et lisez ! aucun d'eux ne fera défaut, ni l'un ni l'autre ne manqueront ; car sa bouche l'a ordonnée. C'est son esprit qui les rassemblera ».

- La méditation biblique est cruciale pour tout disciple de christ assis sur ses pieds. Car, elle est l'un des piliers de la foi chrétienne, c'est-à-dire l'une des colonnes qui soutient la foi chrétienne. Jean 15 :10 « si vous gardez mes commandements, vous demeurerez dans mon amour, de même que j'ai gardé les commandements de mon père, et que je demeure dans son amour ».

- La méditation biblique est la source de toutes les connaissances bibliques, car on comprend mieux la bible en la méditant plutôt qu'en méditant d'autres livres parlant de la bible. Osée 4 :6 « mon peuple est détruit par ce que lui manque la connaissance ». si nous voulons être agréables à Dieu, en accomplissant sa parfaite volonté, nous devons nécessairement méditer et connaitre sa parole afin de la mettre en pratique. La connaissance est le point de départ de notre affranchissement face aux difficultés de la vie.

- La méditation biblique nous procure la sagesse et l'instruction, elle nous permet de comprendre les paroles de l'intelligence, recevoir les leçons de bons sens, de justice, d'équité et de droiture à l'école de Dieu.
- La méditation biblique nous expose aux choses d'en haut. Colossiens 3 :2 « attachez-vous aux choses d'en haut, et non celles qui sont sur la terre ». C'est-à-dire que nous devons vivre une vie qui soit conforme aux principes célestes et se soumettre à la direction de Dieu.

- La méditation aiguise notre réflexion. Proverbes 2 : 11 « la réflexion vieillira sur toi, l'intelligence te gardera pour te délivrer de la voie du mal, de l'homme qui tient des discours pervers.

- La méditation biblique enrichit notre vocabulaire dans les moments des prières. La prière est la respiration de Dieu. On apprend à prier en méditant la parole de Dieu, parce qu'une prière qui n'est pas construite sur la parole de Dieu, n'est qu'une abomination. Proverbes 28 :9 « si quelqu'un détourne l'oreille pour ne pas écouter la loi, même sa prière est une abomination.

- La méditation biblique nous permet de découvrir les principes spirituels attachés à notre appel. Exode 35 :1 « Moise convoqua toute l'assemblée des enfants d'Israël, et leur dit : voici les choses que l'éternel ordonne de faire ».

- La méditation biblique nous donne la capacité d'obéir aux instructions divines. I Samuel 15 :22b « voici, l'obéissance vaut mieux que les sacrifices et l'observation de sa parole vaut mieux que la graisse des béliers ». Une obéissance reportée équivaut à une désobéissance.

- La méditation biblique ouvre nos cœurs et nous pousse à lui exprimer notre amour. Deutéronome 6 :6-9 « et ces commandements, que je te donne aujourd'hui, seront dans ton cœur. Tu les inculqueras à tes enfants, et tu en parleras quand tu seras dans ta maison, quand tu iras en voyage, quand tu te coucheras et quand tu te lèveras. Tu lieras comme un signe sur tes mains, et ils seront comme des fronteaux entre tes yeux. Tu les écriras sur les poteaux de ta maison ».

- La méditation biblique fortifie notre homme intérieur. Ephésiens 6 :10 « au reste, fortifiez-vous dans le seigneur, et par sa force toute puissante ». Ici, l'apôtre nous exhorte à nous fortifier dans le seigneur, et dans sa force toute puissante c'est-à-dire une puissance qui vient à bout de toute résistance. Comme celle que christ a déployé en accomplissant les miracles.

- La méditation biblique nous communique la joie. Car, la joie constitue l'une des grandes bénédictions de la vie chrétienne. Elle peut donc être amoindrie par les soucis mais lorsque vous ouvrez votre bible pour la méditer, l'Esprit ouvre le robinet et la joie de l'éternel qui est notre force, coulera librement dans vos cœurs et vous rendra joyeux malgré les difficultés que vous traversiez. Jean 15 :11 « je vous ai dit ces choses, afin que ma joie soit en vous, et que votre joie soit parfaite ». La joie est aussi présentée dans la bible comme étant l'un des fruits du Saint-Esprit. Galates 5 : 22 « mais le fruit de L'Esprit, c'est l'amour, la joie, la paix, la patience, la bonté, la bienveillance, la foi, la douceur, la maitrise de soi ».

- La méditation biblique nous procure la paix. La paix qui inonde nos cœurs quand bien même la vie est jalonnée d'innombrables épreuves. Philippiens 4 :7 « et la paix de Dieu, qui surpasse toute intelligence, gardera vos cœurs et vos pensées en Jésus-Christ ».

- La méditation biblique produit en nous le sentiment de sécurité dans le combat. Car, nous combattons contre un adversaire qui est déjà vaincu. Cette vérité est fondamentale pour tout enfant de Dieu. NB : l'ignorance est préjudiciable à votre santé spirituelle et mentale, et le diable en profite pour vous détruire. Proverbes 1 :33 « mais celui qui m'écoute reposera avec assurance, il vivra tranquille sans craindre aucun mal ». Psaumes 27 : 3 « si une armée se campait contre moi, mon cœur n'aurait aucune crainte ; si une guerre s'élevait contre moi, je serai malgré cela plein de confiance ». Psaume 40 :6 « pourquoi t'abats-tu, mon âme, et gémis-tu au-dedans de moi ? espère en Dieu, car je le louerai encore ». Alexander Maclaren a écrit : « seul celui qui peut dire : le seigneur est la force de ma vie, peut poursuivre en disant : de qui aurai-je crainte ? ».

- La méditation biblique nous donne l'assurance du salut. I jean 5 :13 « je vous ai écrit ces choses, afin que vous sachiez que vous la vie éternelle, vous qui croyez au nom du fils de Dieu ». Les erreurs peuvent vous dire que vous n'êtes pas sauvés, le diable peut aussi vous dire que vous n'êtes pas sauvés, et les hommes peuvent vous vous pointer du doigt pour dire que salut n'est pas authentique, mais à travers la méditation biblique vous serez 100% convaincu de votre salut.

- La méditation biblique est indispensable par ce que la bible est un livre qui convient à tous les genres des personnes : jeunes, pères, instruits, riches ou pauvres. 1 Timothée 5 :1-2 « ne réprimande pas rudement le vieillard, mais exhorte-le comme un père ; exhorte les jeunes gens comme des frères. Les femmes âgées comme des mères, celles qui sont jeunes comme des sœurs, en toute pureté.

- La méditation biblique est le seul moyen qui nous permet de grandir dans la connaissance des grâces divines déversées en nous, car le christianisme n'offre pas des raccourcis à la croissance spirituelle. II pierre 3 :18 « mais croissez dans la grâce et dans la connaissance de notre seigneur et sauveur Jésus-Christ, à lui soit la gloire, maintenant et pour l'éternité ! amen ! ». Croitre dans la grâce veut simplement dire croitre dans la faveur imméritée de Dieu et dans l'exercice des grâces spirituelles, et croitre dans la connaissance c'est acquérir graduellement la connaissance, il ne s'agit pas de n'importe quelle connaissance. Il s'agit de la connaissance de Jésus-Christ.

- La méditation biblique nous permet de connaitre nos alliés spirituels dans les combats spirituels. Les anges de Dieu sont une troupe et une armée, ils ont nos véritables alliés dans le combat. II rois 4 :15-16 « le serviteur de l'homme de Dieu se leva de bon matin et sortit ; une troupe entourait la ville, avec des chevaux et des chars. Et le serviteur dit à l'homme de Dieu : ah ! mon seigneur, comment ferons-nous ? il répondit : ne crains point, car ceux qui sont avec nous sont en plus grand nombre que ceux qui sont avec eux ».

- La méditation biblique nous permet de manipuler toutes les armes de Dieu dans le combat spirituel. C'est frustrant pour un soldat qui se retrouve dans le champ de bataille avec une arme dont il ignore son mode opératoire. Ephésiens 6 : 10 « revêtez-vous de toutes les armes de Dieu, afin de pouvoir tenir ferme contre les ruses du diable ». Or, sans les armes de Dieu les chrétiens seraient vaincus par les ruses du diable.

- La méditation biblique nous donne l'intelligence de lire et d'interpréter les signes du temps à la lumière de la parole de Dieu. Cette intelligence n'est rien d'autre qu'une capacité de s'approprier des pensées de Dieu et d'en faire son profit. I chroniques 12 :32 « des fils d'issacar, qui savaient discerner les temps pour comprendre ce que devait faire Israël. Dans Matthieu 16, nous voyons les pharisiens et les sadducéens venir auprès de jésus pour lui demander un signe venant du ciel, et le seigneur leur répondit : « le soir, vous dites : il fera beau, car le ciel est rouge ; et le matin, il y aura de l'orage aujourd'hui, car le ciel est d'un rouge sombre. Vous savez discerner l'aspect du ciel, et vous ne pouvez pas discerner les signes des temps. Or, ils avaient cette capacité d'observer attentivement les signes de la température et prédire s'il ferait beau ou non, mais incapable de lire et d'interpréter les signes du temps.

- La méditation biblique nous fait assoir sur les fondements des apôtres et des prophètes. Ephésiens 2 : 20 « vous avez été édifiés par le fondement des apôtres et des prophètes, Jésus-Christ lui-même étant la pierre angulaire ». La bible dit clairement que nous avons été édifiés par le solide fondement des apôtres et des prophètes, l'expression fondement des apôtres et des prophètes pourraient signifier quatre choses :

  1) le fondement fut établi par eux. 2) le fondement venait d'eux. 3) ils possèdent un fondement. 4) ils sont eux-mêmes le fondement, c'est-à-dire qu'ils avaient des dons et avaient été comme fondement à l'église.
  Ils sont le fondement mais Jésus-Christ est la pierre angulaire, c'est-à-dire qu'il est la pierre principale sur laquelle repose le fondement des apôtres et des prophètes. Or, selon l'ancienne façon de construire des édifices, la pierre angulaire était placée avec beaucoup de minutie, car tout le reste de l'édifice était érigée sur elle. Ainsi, les apôtres et les prophètes, qui constituaient le fondement de l'église, se devaient d'être bien alignés par rapport à christ.

- La méditation biblique nous donne l'accès à la révélation des saintes écritures. Ephésiens 3 :3 « c'est par révélation que j'ai eu connaissance du mystère sur lequel je viens d'écrire en peu des mots ». Or, une révélation n'est rien d'autre que la découverte des choses cachées et inaccessibles. Quand l'Esprit de Dieu nous parler, il se sert de toutes les données bibliques enregistrées dans notre mémoire pour amener à la dimension de la révélation.

- La méditation biblique nous inspire la crainte de Dieu. Proverbes 1 :7 « la crainte de l'éternel est le commencement de la sagesse ». Quelqu'un d'autre a développé cette idée en disant que la crainte de l'éternel est vénération qui exalte Dieu et qui est le commencement de toute sagesse. La crainte de Dieu n'est pas la peur qu'on a de Dieu pour ses jugements et ses punitions, au contraire cette crainte nous amène à l'adorer, l'honorer, et lui obéir même dans les moindres détails.

- La méditation biblique fait vibrer notre esprit dans la prière. Psaumes 119 :147-148 « je devance l'aurore et je crie : j'espère en tes promesses. Je devance les veilles et j'ouvre les yeux pour méditer ta parole ». Psaumes 5 :4 « Eternel ! le matin tu entends ma voix ; le matin je me tourne vers toi et je regarde ». Les psaumes donnent expression à tout ce qui est en nous et la transforment en prière, c'est-à-dire que le psaume est l'anatomie de l'homme ; il décrit toutes les parties de l'homme en prière. Il y a une forte vibration de la prière dans l'esprit de l'homme qui médite la parole de Dieu, sachant que la puissance de Dieu n'est pas séparée de sa parole, de sa présence et de sa personne.

- La méditation biblique donne du poids spirituel à nos prières, c'est-à-dire que l'efficacité de la prière dépend de la connaissance qu'on a de Dieu dans les écritures. Car, sur la balance spirituelle, nos prières n'ont pas le même poids spirituel, même impact spirituel et même résultat. Jacques 5 :17-18 « Elie était un homme de la même nature que nous ; il pria avec instance pour qu'il ne pleuve point, et il ne tomba point de pluie sur la terre pendant trois et six ans. Puis, il pria de nouveau, et le ciel donna de la pluie, et la terre produisit son fruit ». Quand la bible dit : élie était un homme de la même nature que nous ; c'est-à-dire qu'il était un homme ayant les mêmes sentiments ou souffrances semblables.

- La méditation biblique crée en nous et au tour de nous l'atmosphère de la présence de Dieu. Tous les versets bibliques sont des vases contenant le parfum de sa présence, et lorsque vous méditez la bible, l'Esprit de Dieu brise le vase pour que le parfum qui est à l'intérieur se répande, et cela fait de nous des porteurs de sa présence sur la terre. 2 corinthiens 2 :14-16 « grâces soient rendues à Dieu, qui nous fait toujours triompher en christ, et qui répand par nous en tout lieu l'odeur de sa connaissance ! nous sommes, en effet, pour Dieu le parfum de christ, parmi ceux qui périssent : aux uns, une odeur de mort, donnant la mort ; aux autres, une odeur de vie, donnant la vie. Et qui est suffisant pour ces choses ?

- La méditation biblique est le médicament spirituel capable de guérir toutes les blessures intérieures du cœur abattu. Psaumes 107 :19-20 « dans leur détresse, ils crièrent à l'éternel, et il les délivra de leurs angoisses. Il envoya sa parole et les guérit, il les fit échapper de la fosse ». Jésus-Christ est le médecin par excellence, il nous a donné dans sa parole, la prescription médicale pour toutes sortes des maladies.

- La médication biblique produit en nous une compréhension qui nous permet de saisir la signification de la parole. Actes 8 :29-30 « l'Esprit dit à Philippe : avance, et approche-toi de ce char. Philippe accourut, et entendit l'éthiopien qui lisait le prophète Esaïe. Il lui dit : comprends-tu ce que tu lis ? ». L'éthiopien est présenté comme un eunuque est décrit avec beaucoup des détails au verset 27, comme étant ministre de candace, reine d'Ethiopie, et surintendant de tous ses trésors.

  Or, candace était juste un titre à la reine-mère comme pharaon était le roi de l'Egypte. Le pouvoir de gouverner reposait entre les mains de candace. Il est donc intéressant que cet eunuque éthiopien soit allé à Jérusalem pour adorer, par ce que la loi de Moise interdisait aux eunuques d'entrer dans l'assemblée de l'éternel. Deutéronome 23 :1 « celui dont les testicules ont été écrasés ou l'urètre coupé n'entrera point dans l'assemblée de l'éternel ».

  En cours de route, cet eunuque éthiopien était en train de lire le livre du prophète Esaïe. Puisqu'il était habituel de lire à haute voix, et Philipe avait pu savoir quelle partie des écritures l'eunuque était en train de lire et l'Esprit lui dit de se rapprocher de l'eunuque et lui demande si réellement, il comprend le passage biblique dont il est en train de lire.

- La méditation biblique nous rend inébranlable face aux fausses doctrines. Actes 17 :11 « ces juifs avaient des sentiments plus nobles que ceux de Thessalonique ; ils reçurent la parole avec beaucoup d'empressement, et examinaient chaque jour les écritures pour voir si ce qu'on leur disait était exact ». Ephésiens 4 :14 « ainsi, nous ne serons plus des enfants, flottants et emportés à tout vent de doctrine, par la tromperie des hommes, par leur ruse dans les moyens de séduction ».

- La méditation biblique nous permet de repousser une armée des séducteurs. Ephésiens 4 :14 « ainsi, nous ne serons plus des enfants, flottants et emportés à tout vent de doctrine, par la tromperie des hommes, par leur ruse dans les moyens de séductions ».

- La méditation biblique nous permet de conserver notre territoire.

- La méditation biblique nous enflamme pour une vie de réveil, de conquête et de victoire.

- La méditation biblique nous permet de garder notre héritage. Jérémie 17 :4 « tu perdras par ta faute l'héritage que je t'avais donné ».

- La méditation biblique nous donne la sagesse de garder de l'huile dans nos lampes jusqu'à ce que l'époux revienne. Matthieu 25 :3-4 « les folles, en prenant leurs lampes, ne prirent point d'huiles avec elles ; mais les sages prirent, avec leurs lampes, de l'huile dans des vases ».

- La méditation biblique nous donne la responsabilité de partager la connaissance biblique avec les autres. L'encouragement et l'édification mutuelle sont nécessaires dans toute église locale. 1 Thessaloniciens 5 :11 « c'est pourquoi exhortez-vous réciproquement les uns les autres, comme en réalités vous le faites ».

- La méditation biblique nous rapproche quotidiennement à Dieu. 1 pierre 2 :4 « approchez-vous de lui, pierre vivante, rejetée par les hommes, mais choisie et précieuse devant Dieu ».

- La méditation biblique nous permet de découvrir le plan de Dieu pour notre rédemption.

- La méditation biblique nous permet de découvrir et exercer les dons spirituels. 1 corinthiens 12 :1 « pour ce qui concerne les dons spirituels, je ne veux pas, frères, que vous soyez dans l'ignorance ». L'exercice des dons spirituels requièrent une connaissance profonde des écritures.

- La méditation biblique tourne nos regards vers le seigneur. Le but de la méditation biblique n'est pas de détourner notre attention, et concentration du Dieu grand et puissant. Psaumes 34 :7 « quand on tourne vers lui les regards, on est rayonnant de joie et le visage ne se couvre pas de honte ».

C'est-à-dire, la honte n'est pas l'apanage de ceux qui fixent leurs regards sur la personne Dieu.

- La méditation biblique nourrit notre cerveau de bonnes pensées et de bons sentiments. Philippiens 4 :8 « au reste frères, que tout ce qui est vrai, tout ce qui est honorable, tout ce qui est juste, tout ce qui est juste, tout ce qui est pur, tout ce qui est aimable, tout ce qui est mérite l'approbation, ce qui est vertueux, et digne de louange, soit l'objet de vos pensées ».

  L'apôtre fait mention de six qualificatifs relatifs à une de l'esprit saine, et il fait précéder chacun d'eux du pronom tout. Ce qui est vrai, est bien entendu, contraire à ce qui est malhonnête et peu fiable. Ce qui est honorable se rapporte à ce qui est digne en soi et digne de respect.

  Ce qui est juste se rapporte à ce qui est conforme aux normes divines. Ce qui est pur désigne ce qui est sain, ce qui est aimable désigne ce qui est source de paix et non des querelles, ce qui mérite l'approbation se rapporte à ce qui est positif et constructif, plutôt qu'à ce qui est négatif et destructeur. Puis il ajoute ce qui est vertueux et digne de louange soit l'objet de vos pensées ».

## Chapitre 2 : Le pouvoir et la dimension de la parole

Pour tout chrétien, il est réellement vital de savoir comment méditer la Bible, d'être soi-même capable de glaner et d'extraire toutes les richesses qui s'y trouvent. La parole de Dieu est exceptionnement bien, aucun chrétien ne devrait être inapte dans sa capacité à méditer.

La parole de Dieu est infaillible, dans sa globalité, et comporte aucune erreur dans ses manuscrits d'origine, elle est sans faute. Elle est complète et authentique. Son pouvoir et sa dimension émanent de Dieu lui-même, nous citerons quelques vérités :

- La parole de Dieu est inspirée de Dieu lui-même, la parole de Dieu est avec Dieu et la parole Dieu est Dieu. II Timothée 3 :16 « toute écriture est inspirée de Dieu, et utile pour enseigner, pour convaincre, pour corriger, pour instruire dans la justice ».

- La parole de Dieu est une lampe et lumière. Psaumes 119 :105 « ta parole de Dieu est une lampe à mes pieds et une lumière sur mon sentier ». La parole de Dieu est une lampe qui brille à mes pieds pour que je sache exactement où poser mes pieds avant de commencer à marcher et quand je commence à marcher, cette parole devient une lumière sur mon chemin. Proverbes 4 :18-19 « le sentier des justes est comme la lumière resplendissante, dont l'éclat va croissant jusqu'au milieu du jour. La voie des méchants est comme les ténèbres ; ils n'aperçoivent pas ce qui les fera tomber ».

- La parole de Dieu est un miroir spirituel capable de nous révéler notre vrai nature à la lumière des écritures. Jacques 1 :22-25 « mettez en pratique la parole et ne vous bornez pas à l'écouter en vous trompant vous-mêmes par des faux raisonnements. Car si quelqu'un écoute la parole et ne la met pas en pratique, il est semblable à un homme qui regarde dans un miroir son visage naturel, et qui, après s'être regardé, s'en va, et oublie aussitôt comment il était ». Ne vous bornez pas à l'écouter en vous trompant par des faux raisonnements, le verbe tromper en grec c'est « paralogizomai » qui signifie « tromper ou abuser par des faux raisonnements ».

Dans le parvis, plus précisément dans la cuve d'airain, Dieu avait recommandé à moise de mettre les miroirs. Exode 38 :8 « il fit la cuve d'airain, avec sa base d'airain, en employant les miroirs des femmes qui s'assemblaient à l'entrée de la tente d'assignation ».

Par-là, nous comprenons que la cuve d'airain était faite avec des miroirs. Or la cuve d'airain n'était pas faite pour offrir des offrir des sacrifices mais à s'y laver. C'est ce qu'Aaron et ses fils faisaient avant d'entrer dans la tente d'assignation. Donc, avant de se laver dans la cuve d'airain, ils se regardaient d'abord dans les miroirs. Selon l'apôtre jacques, le miroir représente la parole qui met en évidence nos fautes et notre imperfection.

- La parole de Dieu est une épée spirituelle capable de pénétrer les profondeurs intimes de nos cœurs et de nos âmes, c'est-à-dire la parole de Dieu a un pouvoir de pénétration puissante dans notre homme intérieur. Hébreux 4 :12 « Car la parole de Dieu est vivante et efficace, plus tranchante qu'une épée quelconque à deux tranchants, pénétrante jusqu'à partager âme et esprit, jointure et moelles ; elle juge les sentiments et les pensées du cœur.

- La parole de Dieu est de l'eau fraiche capable d'étancher la soif dans le cœur. Proverbes 25 :25 « Comme de l'eau fraiche pour une personne fatiguée, ainsi est une bonne nouvelle venant d'une terre lointaine ». Jean 4 :6-7 « là se trouvait le puits de Jacob. Jésus, fatigué du voyage, était assis au bord du puits. C'était environ la sixième heure. Une femme de Samarie vint puiser de l'eau. Jésus lui dit : donne-moi à boire ».

- La parole de Dieu est le marteau spirituel capable de redresser les clous courbés. Ecclésiaste 1 :15 « ce qui est courbé ne peut se redresser, et ce qui manque ne peut être compté » ; Luc 13 :11-12 « et voici, il y avait là une femme possédée d'un esprit qui la rendait infirme depuis dix-huit ans ; elle était courbée et ne pouvait pas du tout se redresser. Lorsqu'il la vit, jésus lui adressa la parole et lui dit : femme, tu es délivrée de ton infirmité ».

- La parole de Dieu est un feu, capable de consumer et de bruler la mauvaise semence dans le cœur. Jérémie 23 :29a « ma parole n'est-elle pas comme un feu, dit l'éternel ».

- La parole de Dieu est la semence spirituelle capable de produire la foi, car la foi vient de ce qu'on entend et ce qu'on entend vient de la parole de Dieu. Romains 10 :17 « ainsi la foi vient de ce qu'on entend et ce qu'on entend vient de la parole de Dieu ».

- La parole de Dieu est la boussole qui nous donne les directives prophétiques pour notre marche. Exode 38 :34-38 « alors la nuée couvrit la tente d'assignation, et la gloire de l'éternel remplit le tabernacle, Moise ne pouvait pas entrer dans la tente d'assignation, par ce que la nuée restait dessus, et que la gloire de l'éternel remplissait le tabernacle. Aussi, longtemps que durèrent leurs marches, les enfants d'Israël partaient, quand la nuée s'élevait de dessus le tabernacle. Et quand la nuée ne s'élevait pas, ils ne partaient pas, jusqu'à ce qu'elle s'élève. La nuée de l'éternel était de jour sur le tabernacle ; et de nuit, il y avait un feu, aux yeux de la maison d'Israël, pendant toutes leurs marches ».

- La parole de Dieu a un pouvoir purificateur, jean 15 :3 « vous êtes purs à cause de la parole que je vous ai annoncée ».

- La parole de Dieu doit habiter en nous dans toute sa richesse, c'est-à-dire que cela est possible par l'étude, la méditation et l'application de la parole. Celle-ci devient partie intégrante de la vie du croyant, lorsque la parole de Dieu devient partie intégrante de la vie du croyant, elle jaillit naturellement et quotidiennement en psaumes, en hymnes et en cantiques spirituels.

  Colossiens 3 :16 « Que la parole de Dieu demeure en vous dans toute sa richesse ; instruisez-vous et exhortez-vous les uns les autres en toute sagesse, par des psaumes, par des hymnes, par des cantiques, spirituels, chantant à Dieu dans vos cœurs en vertu de la grâce ». I corinthiens 1 : 5 « car en lui vous avez été comblés de toutes les richesses qui concernent la parole et de la connaissance ».

- La parole de Dieu est confirmée par des signes, des prodiges et des miracles. Marc 16 :20 « et ils s'en allèrent prêcher partout, le seigneur travaillait avec eux, et confirmait la parole par les miracles ».

- La parole de Dieu n'est pas théorique mais elle est pratique. I corinthiens 2 : 4 « et ma parole et ma prédication ne reposaient pas sur des discours persuasifs de la sagesse, mais sur une démonstration d'Esprit et de puissance ».

- La parole de Dieu n'est pas une phrase mais plutôt une volonté divine révélée à nous et à nos enfants. Deutéronome 29 :29 « les choses cachées sont à l'éternel et les choses révélées sont à nous et à nos enfants, à perpétuité, afin que nous mettions en pratique toutes les paroles de cette loi ».

- La parole de Dieu est logos et rehma c'est-à-dire qu'elle est écrite et révélée. Ce sont les deux dimensions de la parole de Dieu : elle est écrite par les hommes et révélées par Dieu. Psaumes 119 : 130 « la révélation de tes paroles éclaire, elle donne l'intelligence aux simples ». Dans le contexte de ce texte biblique le mot simple signifie simplement celui qui est privé de sens, c'est-à-dire incapable de comprendre et de discerner.

- La parole de Dieu est une fréquence qu'il faut capter pour entendre la voix du Saint-Esprit. Esaïe 30 :21 « tes oreilles entendront derrière toi la voix qui te dira : voici le chemin, marchez-y ! car vous iriez à droite, ou vous iriez à gauche ».

- La parole de Dieu est la constitution du royaume de Dieu et nul n'est sensée l'ignorer. Dans un royaume, il y a un roi, une loi, un peuple, une culture, une langue et une mentalité. Pour se conformer à la loi du royaume de Dieu, vous devez premièrement la connaitre. Osée 4 :6 « mon peuple est détruit, par ce qu'il lui manque la connaissance. Puisque tu as rejeté la connaissance, je te rejetterai, et tu seras dépouillé de mon sacerdoce ; puisque tu as oublié la loi de ton Dieu, j'oublierai aussi tes enfants ».

- La parole de Dieu est dans le sacerdoce c'est que le gouvernail est pour un bateau, c'est-à-dire qu'on ne peut pas exercer le sacerdoce sans pour autant connaitre la parole de Dieu. Car, aucun service exercé pour le roi est plus important que le roi lui-même. Malachie 2 :7 « les lèvres du sacrificateur doivent garder la science et c'est à sa bouche qu'on demande la loi, par ce qu'il est un envoyé de l'éternel ».

- La parole de Dieu est prophétique, elle nous aide à connaitre l'avenir dans le présent et elle nous aide aussi à connaitre les intentions du cœur de Dieu. Dans chaque étape de notre existence, il y a des éléments de la parole prophétique qui nous rappelle de ce que Dieu nous avait dit. II pierre 1 :19 « et nous tenons pour d'autant plus certaine la parole prophétique, à laquelle vous faites bien de prêter attention, comme à une lampe qui brille dans un lieu obscur, jusqu'à ce que le jour vienne à paraitre et que l'étoile du matin s'élève dans vos cœurs ».

- La parole de Dieu est un régime spirituel complet capable de nous revigorer spirituellement, moralement et émotionnellement dans notre marche. Une bonne santé requiert un bon régime alimentaire, c'est pourquoi la parole de Dieu est un régime alimentaire qui s'adapte à votre niveau de croissance. Elle est à a lait, nourriture, nourriture solide et miel. Psaumes 84 :8 « leur marche augmente pendant la marche, et ils se présentent devant Dieu à Sion ».

- La parole de Dieu est la clé de la réussite pour tout enfant de Dieu. Psaumes 1 :1-3 « heureux l'homme qui ne marche pas selon le conseil des méchants, qui ne s'arrête pas sur la voie des pécheurs, et qui ne s'assied pas en compagnie des moqueurs, mais qui trouve son plaisir dans la loi de l'éternel, et qui la médite jour et nuit.

  Il est comme un arbre planté près d'un courant d'eau, qui donne son fruit en sa saison et dont le feuillage ne se flétrit pas ; tout ce qu'il fait lui réussit ».il y a quatre verbes d'actions dans ce passage : marcher, s'arrêter, s'assoir et méditer. Parmi ce quatre verbes, trois (marcher, s'arrêter et s'assoir) ont des conséquences négatives et un (méditer) a des conséquences positives.

- La parole de Dieu est éternelle. Tout passera, tout finira par disparaitre aux fils du temps mais la parole de Dieu ne dépend pas du temps, elle demeure et demeurera éternellement. Pierre 24-25 « car toute chair est comme l'herbe, et toute sa gloire comme la fleur de l'herbe. Mais la parole du seigneur demeure éternellement ».

- La parole de Dieu est créatrice. Genèse 1 :1-3 « au commencement, Dieu créa les cieux et la terre. La terre était informe et vide ; il y avait des ténèbres à la surface de l'abime, et l'esprit de Dieu se mouvait au-dessus des eaux. Dieu dit : que la lumière soit et la fut ». Hébreux 11 : 3 « c'est par la foi que nous reconnaissons que l'univers a été formé par la parole de Dieu ».

- La parole de Dieu est la vérité. De sa bouche sorte aucun mensonge et aucune tromperie. Psaumes 119 :160 « le fondement de ta parole est la vérité, et toutes les lois de ta justice sont éternelles ».

- La parole de Dieu court avec vitesse, c'est-à-dire qu'elle a la capacité de vous atteindre quel que soit votre configuration géographique. Psaumes 147 :15 « il envoie ses ordres sur la terre ; sa parole court avec rapidité ».

- La parole de Dieu est suffisante pour faire de nous des adorateurs authentiques, c'est-à-dire qu'elle est un guide et un pédagogue pour nous montrer comment adorer le père en esprit et en vérité. Jean 4 :24 « Dieu est esprit, et il faut que ceux qui l'adorent, l'adorent en esprit et en vérité ».

- La parole de Dieu nous révèle la richesse de la gloire de notre héritage en christ. Ephésiens 1 :18 « qu'il illumine les yeux de votre cœur, pour que vous sachiez quelle est l'espérance qui s'attache à son appel, quelle est la richesse de la gloire de son héritage qu'il réserve aux saints ».

- La parole de Dieu est la définition et la conclusion de notre avenir et devenir en christ. C'est-à-dire qu'aucun démon dans l'enfer ni un homme sur la terre ne peut programmer les circonstances ou les événements qui doivent nous arriver. Car, seul Dieu a ce pourvoir sur nous. Ephésiens 1 :11-12 « en lui nous sommes aussi devenus des héritiers, ayant été prédestinés suivant le plan de celui qui opère toutes choses d'après le conseil de sa volonté. Afin que nous servions à célébrer sa gloire ».

- La parole de Dieu est une bonne nouvelle. Luc 4 : 18-19 « l'Esprit du seigneur est sur moi, parce qu'il m'a oint pour annoncer une bonne nouvelle aux pauvres ; il m'a envoyé pour guérir ceux qui ont le cœur brisé, pour proclamer aux captifs la délivrance, et aux aveugles le recouvrement de la vue, pour renvoyer libres les opprimés, pour publier une année de grâce du seigneur ».

C'est précisément dans la synagogue que Jésus a lu cette portion des écritures, le but majeur de la synagogue était : l'enseignement de la loi divine, l'étude des écritures et de la loi morale. Les synagogues étaient aussi un endroit de renforcement des capacités, un cadre de collaboration et d'échange toujours dans le but de chasser l'ignorance.

Ceux qui enseignaient dans les synagogues s'efforçaient d'éduquer toute la communauté dans la foi afin d'appliquer la parole de Dieu dans leur quotidien. Les synagogues étaient également l'endroit où se passait le culte, on récitait « le schema » d'après Deutéronome 6 :4 « écoute, Israël ! l'éternel, notre Dieu, est le seul éternel ».

Dans les synagogues, il y avait comme activités : la prière, la lecture de la loi et des prophètes. On lisait la loi en hébreu et on l'expliquait en araméen, selon la coutume de la synagogue, celui qui lisait les écritures devait se mettre débout pour s'assoir au moment de l'explication des écritures. Ce qui attire plus notre attention dans le passage biblique de Luc 4 :18-19, c'est la conclusion de la lecture de Jésus « publier une année de grâce » à la différence d'Esaïe 61 :1-3 qui s'achève avec « le jour de vengeance ». cela nous penser à la première venue de Jésus qui consiste à faire grâce et non à juger.

## Chapitre 3 : L'identité et la position du chrétien selon la Bible

Les différentes affirmations bibliques qui résument notre identité et notre position en christ et constitue le fondement de notre liberté en lui.

Qui suis-je ?

- Je suis le sel de la terre. Matthieu 5 :13 « vous êtes le sel de la terre, mais si le sel perd sa saveur, avec quoi, la lui rendra -t-on ?

- Je suis la lumière du monde. Matthieu 5 :14 « vous êtes la lumière du monde, une ville située sur une montagne ne peut pas être cachée ».
- Je suis enfant de Dieu. Jean 1 :12 « mais à tous ceux qui l'ont reçue, à ceux qui croient en son nom, elle a donné le pouvoir de devenir enfant de Dieu ».

- Je suis rattaché au vrai cep et la vie de christ coule en moi. Jean 15 :5 « je suis le cep, vous êtes les sarments. Celui qui demeure en moi et en qui je demeure porte beaucoup de fruit ».
- Je suis ami de christ. Jean 15 :15 « je ne vous appelle plus serviteurs, par ce que le serviteur ne sait pas ce que fait son maitre, mais je vous ai appelé amis, par ce que je vous ai fait connaitre tout ce que j'ai appris de mon père ».

- Je suis choisi et établi par christ pour porter son fruit. Jean 15 :16 « ce n'est pas vous qui m'avez choisi, et je vous ai établis, afin que vous alliez, et que vous portiez du fruit, et que votre fruit demeure ».
- Je suis esclave de la justice. Romains 6 :18 « or, si nous sommes morts avec christ, nous croyons que nous vivrons aussi avec lui ».

- Je suis fils (fille) de Dieu ; Dieu est spirituellement mon père. Romains 8 :14-15 « car tous ceux qui sont conduits par l'esprit de Dieu sont fils de Dieu » Galates 3 :26 « car vous êtes tous fils de Dieu par la foi en Jésus-Christ ».
- Je suis un temple, une demeure de Dieu, son esprit et sa vie habitent en moi. I corinthiens 3 :16 ; 6 :19 « ne savez-vous pas que vous êtes le temple de Dieu, et le Saint-Esprit de Dieu habite en vous ?

- Je suis attaché au seigneur et un seul esprit avec lui. I corinthiens 6 :17 « mais celui qui s'attache au seigneur est avec lui un seul esprit ».

- Je suis membre du corps de christ. I corinthiens 12 :27 « vous êtes le corps de christ, et vous êtes ses membres, chacun pour sa part ».
- Je suis une nouvelle créature. II corinthiens 5 :17 « si quelqu'un est en christ, il est une nouvelle créature »

- Je suis reconcilié avec Dieu et j'ai reçu le ministère de la réconciliation. II corinthiens 5 :18 « et tout cela vient de Dieu, qui nous a reconciliés avec lui par christ, et qui nous a donné de la réconciliation ».

- Je suis fils (fille) de Dieu et un en christ. Galates 3 :26 « car vous êtes tous fils de Dieu par la foi en Jésus-Christ ».

- Je suis héritier de Dieu puisque je suis fils (fille) de Dieu Galates 4 :6-7 « et par ce que vous êtes fils, Dieu a envoyé dans nos cœurs l'esprit de son fils, lequel crie : Abba, père. Ainsi, tu n'es plus esclave, mais fils ; et si tu es fils, tu es aussi héritier par la grâce de Dieu »
- Je suis un saint, mis à part pour Dieu. I corinthiens 1 :1 « Paul, appelé à être apôtre de Jésus-Christ par la grâce par la volonté de Dieu ».

- Je suis l'ouvrage de Dieu, né de nouveau en christ pour accomplir son œuvre. Ephésiens 2 :10 « car nous sommes son ouvrage, ayant été crées en Jésus-Christ, pour de bonnes œuvres, que Dieu a préparées d'avance, afin que nous les pratiquions ».
- Je suis citoyen des autres membres de la famille de Dieu. Ephésiens 2 :19 « ainsi donc, vous n'êtes plus des étrangers, ni des gens du dehors ; mais vous êtes concitoyens des saints, gens de la maison de Dieu ».

- Je suis juste et saint. Ephésiens 4 : 24 « et à revêtir l'homme nouveau, crée selon Dieu dans une justice et une sainteté ».
- Je suis citoyen des cieux, assis dès à présent dans les lieux célestes. Philippiens 3 :20 « mais nous, citoyens des cieux, d'où nous attendons le sauveur le seigneur Jésus-Christ ».

- Je suis avec christ en Dieu. Colossiens 3 :3 « car vous êtes morts, et votre vie est cachée avec christ en Dieu ».
- Je suis une expression de la vie de christ car il est ma vie. Colossiens 3 :4 « quand christ, votre vie, paraitra, alors vous paraitrez aussi avec lui dans la gloire ».

- Je suis élu de Dieu, saint et bien-aimé. Colossiens 3 :12 « ainsi donc, comme des élus de Dieu, saints et bien-aimés ».
- Je suis un saint qui participe à la vocation céleste. Hébreux 3 :1 « c'est pourquoi, frères saints, qui avez part à la vocation céleste ».

- Je suis participant du christ, j'ai part à sa vie. Hébreux 3 :14 « car nous sommes devenus participants de christ, pourvu que nous retenions fermement jusqu'à la fin l'assurance que nous avions au commencement ».
- Je suis une des pierres vivantes de Dieu et je suis édifié pour former une maison spirituelle. I pierre 2 :5 « et vous-mêmes, comme des pierres vivantes, édifiez-vous pour former une maison spirituelle ».

- Je suis membre d'une race élue, d'un sacerdoce royal, d'une nation sainte, d'un peuple que Dieu s'est acquis. I pierre 2 :9-10 « vous, au contraire, vous êtes une race élue, un sacerdoce royal, une nation sainte, un peuple que Dieu s'est acquis. Afin que vous annonciez les vertus de celui qui vous a appelé des ténèbres à son admiration lumière ».
- Je suis étranger et voyageur sur cette terre où je vis provisoirement. I pierre 2 :11 « bien-aimés, je vous exhorte, comme étrangers et voyageurs sur la terre, à vous abstenir des convoitises charnelles qui font la guerre à l'âme ».

- Je suis enfant de Dieu et je serai semblable à christ lorsqu'il reviendra. I jean 3 :1-2 « voyez quel amour le père nous a témoigné, pour que nous soyons appelés enfants de Dieu, et nous le sommes. Si le monde ne nous connait pas, c'est qu'il ne l'a pas connu. bien-aimés, nous sommes maintenant enfants de Dieu, et ce que nous serons n'a pas encore été manifestée ; nous savons que, lorsqu'il paraitra, nous serons semblables à lui, par ce que nous le verrons tel qu'il est ».

- Je suis né de Dieu et le malin, le diable ne peut me toucher. I pierre 5 :8 « soyez sobres, veillez. Votre adversaire, le diable, rode comme un lion rugissant, cherchant qui il dévorera ».

Puisque je suis en christ par la grâce de Dieu, voici ce qu'il a fait en moi.

- J'ai été justifié, entièrement pardonné et rendu juste. Romains 5 :1 « étant donc justifié par la foi, nous avons la paix par notre seigneur Jésus-Christ, à qui nous devons d'avoir eu par la foi accès à cette grâce, dans laquelle nous demeurons fermes, et nous nous glorifions dans l'Esperance de la gloire ».

- Je suis mort avec christ et mort au péché, qui ne peut plus régner dans ma vie. Romains 6 :1-2 « que dirons-nous donc ? demeurerions-nous dans le péché, afin que la grâce abonde ? loin de là, nous qui sommes morts au péché, comment vivrions-nous encore dans le péché ?

- Je suis à jamais libéré de toute condamnation. Romains 8 :1 « il n'y a donc maintenant aucune condamnation pour ceux qui sont en Jésus-Christ ».
- J'ai été placé en christ par l'œuvre de Dieu. Corinthiens 1 :30 « or, c'est par lui que vous êtes en Jésus-Christ qui, par la volonté de Dieu, a été fait pour nous sagesse, sanctification et rédemption ».

- J'ai reçu l'esprit de Dieu dans ma vie afin de savoir ce que Dieu m'a donné par grâce. I corinthiens 2 :12 « or nous n'avons pas reçu l'esprit du monde, mais l'esprit qui vient de Dieu, afin que nous connaissions les choses que Dieu nous a données par sa grâce ».
- J'ai désormais la pensée de christ. I corinthiens 2 :16 « car, qui a connu la pensée du seigneur, pour l'instruire ? or nous, nous avons la pensée de christ ».

- J'ai été racheté à un grand prix : je ne suis pas à moi-même ; j'appartiens à Dieu. I corinthiens 6 :19-20 « car, bien que je sois libre à l'égard de tous, je me suis rendu le serviteur de tous, afin de gagner le plus grand nombre ».

- J'ai été établi, oint et scellé par Dieu en christ, et j'ai reçu le Saint-Esprit, qui constitue le gage de mon héritage à venir. II corinthiens 1 :21 « et celui qui nous affermit avec vous en christ, et qui nous a oints, c'est Dieu ».
- J'ai été crucifié avec christ, et ce n'est plus moi qui vis, c'est christ qui vit en moi. Galates 2 :20

- J'ai été béni de toutes sortes des bénédictions spirituelles. Ephésiens 1 :3 « béni soit le Dieu et père de notre seigneur Jésus-Christ, qui nous a bénis de toute bénédiction spirituelle dans les lieux célestes en christ ».

- J'ai été élu en christ avant la fondation du monde, pour être saint défaut lui. Ephésiens 1 :4 « en lui Dieu, nous a élus avant la fondation du monde, pour que nous soyons saints et irréprochables devant lui ».

- J'ai été prédestiné, choisi par Dieu pour être adopté comme fils (fille) de Dieu. Ephésiens 1 :5 « il nous a prédestiné dans son amour à être ses enfants d'adoption par Jésus-Christ, selon le bon plaisir de sa volonté ».

- J'ai été racheté et pardonné, et je suis au bénéfice de la grâce qu'il a abondamment répandu sur nous. Ephésiens 2 :5 « nous qui étions morts par nos offenses, nous a rendus vivants avec christ (c'est par grâce que vous êtes sauvés).

- J'ai été ressuscité et assis avec le christ au ciel. Ephésiens 2 :6 «il nous a ressuscités ensemble dans les lieux célestes, en Jésus-Christ ».

- J'ai directement accès auprès du père par l'esprit. Ephésiens 2 :18 « car par lui les uns les autres nous avons accès auprès du père ».

- Je peux m'approcher de Dieu avec assurance, dans l'assurance, dans la liberté et en toute confiance. Ephésiens 3 :12 « en lui nous avons, par la foi en lui, la liberté de nous approcher de Dieu avec confiance ».

- J'ai été délivré du territoire où règne Satan et transporté dans le royaume de christ. Ephésiens 1 :13 « en lui, vous aussi, après avoir entendu la parole de la vérité, l'évangile de votre salut, en lui vous avez cru et vous avez été scellés du Saint-Esprit qui avait été promis ».

- J'ai été racheté et pardonné de tous mes péchés, la dette qui pesait sur moi a été annulée. Ephésiens 1 :14 « en lui, nous avons la rédemption, le pardon des péchés ».

- Christ lui-même est en moi. Colossiens 1 :27 « Dieu a voulu leur faire connaitre la glorieuse richesse de ce mystère parmi les païens, savoir : christ en vous, l'Esperance de la gloire ».

- Je suis enraciné et fondé en christ. Colossiens 2 :10 « vous avez tout pleinement en lui, qui le chef de toute domination et toute autorité ».
- J'ai été enseveli, ressuscité et rendu à la vie avec christ. Colossiens 2 :12 « ayant été ensevelis avec lui par le baptême, vous êtes aussi ressuscités en lui et avec lui, par la foi en la puissance de Dieu, qui l'a ressuscité des morts ».

- Je suis mort avec christ et j'ai été ressuscité avec lui. Ma vie est désormais cachée avec le christ en Dieu, christ est maintenant ma vie. Colossiens 3 :3 « car vous êtes morts, et votre vie est cachée avec christ en Dieu ».

- J'ai reçu un esprit de force, d'amour et de sagesse. II Timothée 1 :7 « car ce n'est pas un esprit de timidité que Dieu nous a donné ; au contraire, son esprit nous remplit de force, d'amour et de sagesse ».

- J'ai été sauvé et mis à part selon le dessein de Dieu. II Timothée 1 :9 « il nous a sauvés, et nous a adressé une sainte vocation, non à cause de nos œuvres, mais selon son propre dessein et selon la grâce qui nous a été donnée en Jésus-Christ avant les temps éternels ».
- Puisque je suis sanctifié et un avec lui celui qui sanctifie, il n'a pas honte de m'appeler mon frère ». Hébreux 2 :11 « car celui qui sanctifie et ceux qui sont sanctifiés sont tous issus d'un seul. C'est pourquoi il n'a pas honte de les appeler frères ».

- J'ai le droit de me présenter avec assurance devant le trône de Dieu, afin d'obtenir miséricorde et de trouver la grâce nécessaire pour être secouru au bon moment. Hébreux 4 :16 « approchons-nous donc avec assurance du trône de la grâce, afin d'obtenir grâce et miséricorde et de trouver grâce, pour être secourus dans nos besoin ». C'est-à-dire lorsque je m'approche du trône de la grâce, j'obtiens premièrement les bénédictions que je n'ai pas méritée et Dieu me fait échapper de la punition que je mérite par mes propres fautes.

- J'ai reçu de Dieu des précieuses et grandes promesses, en vertu desquelles ; je suis participant de la nature divine. II pierre 1 :4 « celles-ci nous assurent de sa part les grandes et les plus précieuses promesses, afin que par vous deveniez participants de la nature divine, en fuyant la corruption qui existe dans le monde par la convoitise ».

- Je suis plus que vainqueur par l'amour de celui qui m'aime éternellement. Romains 8 :37 « mais dans toutes ces choses nous sommes plus que vainqueur par celui qui nous a aimés ».

## Chapitre 4 : Découvrir la volonté de Dieu

Qu'est-ce que Dieu veut que vous fassiez de votre vie ? peut-être avez-vous l'idée de ce à quoi il vous appelle, mais vous aimeriez avoir une confirmation. Peut-être que vous n'êtes pas sûr de la volonté de Dieu… ou peut-être que vous essayez toujours de comprendre à quoi devrait ressembler une relation personnelle avec Dieu.

La plus grande question que vous pourriez vous poser à chaque étape de votre vie c'est : « comment découvrir la volonté ? ».

**Voici 4 conseils pour nous aider à découvrir la volonté de Dieu :**

1. **Cherchez Dieu par la prière**

Connaitre la volonté de Dieu doit être le résultat des conversations honnêtes que nous aurons avec lui. C'est pourquoi nous prendre l'habitude de lui parler régulièrement dans la prière, car la prière ne consiste pas seulement à demander à Dieu ce qu'il veut que nous fassions.

2. **Consultez les écritures**

La volonté de Dieu pour notre vie ne contredira jamais ce qui figure dans les écritures. Aussi, dans le même temps que nous apprenons à connaitre Dieu par la prière. Plus nous méditons la Bible, plus nos désirs commenceront à refléter la volonté de Dieu.

3. **Ecoutez le Saint-Esprit**

Ecoutez le Saint-Esprit nécessite souvent de faire taire le bruit au tour de nous. Lorsque nous nous débarrassons des distractions et arrêtons les fixations sur des sentiments de peur. Pendant que nous prions et que sondons les écritures, demandons à Dieu de mettre en lumière tous les sentiments que nous devrions abandonner, et tous les autres sentiments auxquels nous devons accorder une attention particulière. C'est pourquoi, selon ce que dit le Saint-Esprit : Aujourd'hui, si vous entendez sa voix, n'endurcissez pas vos cœurs… (Hébreux 3 :7-8).

## 4. Les avantages de découvrir la volonté de Dieu

Il y a plusieurs avantages auxquels nous bénéficions lorsque nous découvrons la volonté. Tout comme obéir à Dieu attire ses faveurs et ses bénédictions de même la désobéissance entraine les malédictions. Si rien n'avance dans ta vie, rassures-toi que c'est une conséquence ton ignorance à la volonté de Dieu.

### 1. Découvrir la volonté de Dieu produit la foi :

La Bible dit dans le livre de romains 10 :17 « la foi vient de ce qu'on entend, ce qu'on entend vient de la parole Dieu », c'est-à-dire dans sa dimension de « Logos » et « Rhema ». Le Logos est la parole écrite tandis que le Rhema est la parole révélée. La différence entre ces deux termes est que le logos demeure, elle ne change pas tandis que le Rhema vient à nous tous les jours pour nous conseiller de la part de Dieu pour un moment donné dans une situation précise.

### 2. Découvrir la volonté produit l'espérance :

L'espérance est un moteur qui permet de jeter sur chaque événement, sur chaque être un regard renouvelé. Il y a une dynamique dans l'espérance, elle nous mobilise, nous fait avancer sans découragement.

L'espérance se nourrit de la foi et la foi se vivifie dans l'espérance. En fait, espérance, foi, confiance et amour de Dieu se conjuguent pour nous permettre d'aller plus loin. Et d'être sereinement, dans la certitude que tout chemin mène au père. Lorsque nous avons l'espérance, nous faisons confiance aux promesses de Dieu. Jérémie 29 :11 « Car je connais les projets que j'ai formés sur vous, dit l'éternel, projets de paix et non de malheur, afin de vous donner et de l'espérance ».

### 3. Découvrir la volonté nous rend humble

Nous devons demeurer dans une attitude d'humilité, de révérence, de respect. Sans cette attitude, nous ne pouvons pas découvrir la volonté de Dieu. Nous devons être remplis d'humilité et avoir des cœurs enseignables, ne soyons de ceux qui méditent la Bible avec les idées préconçues, qui ne s'attendent à rien recevoir de plus tellement ils connaissent.

Ils ne sont pas ouverts à la voix de Dieu, et Dieu aurait voulu leur dire quelque chose de nouveau mais ils ne peuvent l'écouter. Il y a beaucoup de sourds spirituels parmi les chrétiens. L'humilité nous rend éligible à la découverte de la volonté, il est écrit « je ne cherche pas ma volonté, mais la volonté de celui qui m'a envoyé » (Jean 5 :30). L'orgueil d'un homme le conduira à l'humiliation, mais celui qui est humble d'esprit obtiendra sa gloire.

## 4. Découvrir la volonté nous permet de garder nos cœurs :

Garder son cœur, c'est filtrer tout ce qui y pénètre, parce que les informations qui nous parviennent peuvent avoir des effets néfastes sur notre façon d'agir et de faire. D'où l'importance de sélectionner ce que nous laissons pénétrer dans nos cœurs, de filtrer toutes les informations, les images, conversations qui entrent dans notre cœur.

Car c'est à partir du cœur que tout commence que tout commence. Le seigneur Jésus l'a si bien dit dans Marc 7 : 20-23 « ce qui sort de l'homme, c'est ce qui souille l'homme. Car c'est du dedans, c'est du cœur des hommes, que sortent les mauvaises pensées, les adultères, les impudicités, les meurtres, les vols, les cupidités, les méchancetés, la fraude, le dérèglement, le regard envieux, la calomnie, l'orgueil, la folie, toutes ces choses sortent du dedans de l'homme, et souillent l'homme ».

Garder son cœur consister à éliminer tout mauvais dépôt, toute amertume, toute pensée qui pourraient par la suite nuire à notre marche spirituelle. C'est un travail de tous les jours, pas d'un seul jour.

Proverbes 4 :23 « garde ton cœur plus que toute autre chose, car de lui viennent les sources de la vie ». Cela nous rappelle que l'expérience de découvrir la volonté de Dieu possède deux facettes :

1. L'obéissance à la volonté de Dieu révélée
2. Acquérir la conviction que la volonté de Dieu, pour ma vie consiste à protéger mon cœur. Car le point de contact entre la volonté révélée de Dieu, mon obéissance et ma marche dans cette volonté se trouve dans mon cœur.

## 5. Découvrir la volonté de Dieu nous dépendant de Dieu :

La dépendance envers Dieu nous est primordiale, car notre dépendance envers le seigneur est un impératif et devrait nous inspirer une profonde humilité, grâce à cette dépendance, notre connaissance de Dieu devrait être grandement accrue. Et le désir, le plus profond de Dieu est que nous nous débarrassions de toute sorte d'égoïsme, et que nous venions à lui, non comme si nous nous appartenions à nous-mêmes, mais comme étant la propriété du seigneur qu'il a rachetée.

**Les versets Bibliques sur la dépendance à Dieu :**

Proverbes 3 :5-6 « confie-toi en l'éternel de tout ton cœur, et ne t'appuie pas sur ta sagesse, reconnais-le dans toutes tes voies, et il aplanira tes sentiers ».

Psaumes 62 :5 « oui, mon âme, confie-toi en Dieu car de lui vient mon espérance ».

Hébreux 13 :6 « c'est donc avec assurance que nous dire : le seigneur est mon aide, je ne craindre rien, que peut me faire un homme ?

Psaumes 46 :2 « Dieu est pour nous un refuge et un appui, un secours qui ne manque jamais dans la détresse ».

Psaumes 107 :4-6 « ils erraient dans le désert, ils marchaient dans la solitude, sans trouver une ville où ils puissent habiter. Ils souffraient de la faim et de la soif. Leur âme était languissante. Dans leur détresse, ils crièrent à l'éternel, et les délivra de leurs angoisses ».

Psaumes 18 :6 « dans ma détresse, j'ai invoqué l'éternel, j'ai crié à mon Dieu ; de son palais, il a entendu ma voix, et mon cri est parvenu devant lui à ses oreilles ».

2 Chroniques 20 :12 « O notre Dieu, n'exerceras-tu pas tes jugements sur eux ? Car nous sommes sans force devant cette multitude nombreuse qui s'avance contre nous, et nous ne savons que faire, mais nos yeux sont sur toi ».

Psaumes 5 :2 « sois attentif à mes cris, mon roi et mon Dieu ! c'est à toi que j'adresse ma prière ».

Psaumes 23 :1-2 « cantique de David. L'éternel est mon berger : je ne manquerai de rien. Il me fait reposer dans de verts pâturages, il me dirige près des eaux paisibles.

Psaumes 73 :26 « ma chair et mon cœur peuvent se consumer : Dieu sera toujours le rocher de mon cœur et mon partage ».

Psaumes 121 :3 « il ne permettra point que ton pied chancelle ; celui qui te garde ne sommeillera point ».

Esaïe 40 :29 « il donne de la force à celui qui est fatigué, et il augmente la vigueur de celui qui tombe en défaillance ».

Marc 4 :38 « et lui, il dormait à la poupe sur le couin. Ils le réveillèrent, et lui dirent : maitre, ne t'inquiètes-tu pas de ce que nous périssons ?

Esaïe 40 : 31 « mais ceux qui se confient en l'éternel renouvellent leur force. Ils prennent le vol comme les aigles ; ils courent, et ne se lassent point, ils marchent, et ne se fatiguent pas ».

### Comment connaitre la volonté de Dieu

Nous manifestons deux attitudes différentes envers la volonté de Dieu :

1. Il y a des chrétiens sérieux et qui voudraient bien connaitre la volonté de Dieu afin de l'appliquer, ils la cherchent ardemment.
2. Il y a d'autres chrétiens qui ne sont pas sérieux à l'égard de la volonté de Dieu, ils ne cherchent pas la volonté de Dieu de peur que Dieu leur disent le contraire de ce qu'ils pensent.

L'apôtre Paul nous exhorte dans romains 12 :1-2 : « je vous exhorte donc, frères par la compassion de Dieu à offrir vos corps comme un sacrifice vivant, saint, agréable à Dieu, ce qui sera de votre part un culte raisonnable. Ne vous conformez pas au siècle présent, mais soyez transformés par le renouvellement de l'intelligence, afin que vous discerniez quelle est la volonté de Dieu, ce qui est bon, agréable, et parfait ».

Deux mots importants au verset deux : « se conformer et être transformé », se conformer veut dire « prendre la forme de » le mot « con » provient du latin « cum » qui veut dire « à l'intérieur d'une forme donnée ou d'un modèle déterminé ». Le deuxième mot c'est « être transformé », le mot « trans » signifie « au-delà » ou « à travers » et transformer en grec c'est « metamorpho » signifie « aller au-delà d'une forme déterminée ». Discerner la volonté de Dieu est le résultat d'être transformé par le renouvellement de l'intelligence.

La volonté de Dieu est cette qualité de la vie divinement inspirée qui inclut les attitudes, les actions, et les aspirations que le croyant est responsable de produire quotidiennement par l'aide du Saint-Esprit.

- Définir la volonté de Dieu :

La Bible démontre qu'il y a deux volontés de Dieu, il existe la volonté générale et la volonté particulière de Dieu. La majorité des chrétiens commencent avec la volonté particulière de Dieu, mais la Bible commence d'abord avec la volonté de Dieu. Définissons les deux termes :

1. La volonté générale de Dieu est vraie et applicable pour toute personne, en tout lieu, tout le temps et il se rapporte au développement du caractère.
2. La volonté particulière de Dieu est vraie et applicable pour quelques personnes, à quelques points dans l'histoire et se rapporte au choix.

Quatre affirmations concernant la volonté de Dieu :

1. Dans actes 22 :10-15 Paul raconte dans son discours aux juifs à Jérusalem ce que Ananie lui avait déclaré : « le Dieu de nos pères t'a destiné à connaitre sa volonté ». Dieu veut que nous connaissions sa volonté.
2. Le non-croyant ne peut connaitre la volonté de Dieu. La volonté de Dieu pour lui est qu'il soit sauvé. 2 Pierre 3 :9 « Dieu ne veut pas que certains périssent, mais que tous parviennent à la repentance ».
3. Dans Marc3 :31-35 nous lisons que la volonté de Dieu se voit à travers une relation spéciale entre Jésus et ceux qui font sa volonté : « quiconque fait la volonté de Dieu, celui-là est mon frère, et ma sœur et ma mère ».
4. Dans 1 Jean 2 :15-17 ceux qui font sa volonté ont une relation distincte avec Dieu, et ils demeurent à jamais.

**Trois déclarations concernant la volonté de Dieu :**

1. Le privilège du croyant, c'est de faire la volonté de Dieu.
2. Le péril du croyant, c'est de sous-estimer la volonté de Dieu
3. Le problème du croyant, c'est de comprendre la volonté de Dieu.

Conseil :

Vous devez faire la volonté de Dieu parce que seules les personnes qui font la volonté de Dieu entreront au ciel. Vous devez faire la volonté de Dieu, car cela vous apportera le bonheur. Vous devez faire la volonté de Dieu, parce qu'elle est bonne, agréable et parfaite. Vous devez faire la volonté de Dieu, parce qu'il est plus sage que vous. Vous devez faire la volonté parce qu'il est plus intelligent que vous. Vous devez faire la volonté de Dieu, parce qu'il voit tout. Vous devez faire la volonté de Dieu, parce qu'il peut tout. Vous devez faire la volonté de Dieu, parce qu'il n'est pas un homme pour mentir ni un fils de l'homme se repentir, vous devez faire la volonté de Dieu, parce qu'il est Dieu.

Les versets bibliques sur la volonté de Dieu :

Genèse 18 :19 « car je l'ai choisi pour qu'il prescrive à ses descendants et à tous les siens après lui de faire la volonté de l'éternel, en faisant ce qui est juste et droit ; ainsi j'accomplirai les promesses que je lui ai faites ».

Psaumes 40 :9 « je veux faire ta volonté, mon Dieu ! et ta loi est au fond de mon cœur ».

Psaumes 103 :21 « bénissez l'éternel, vous toutes ses armées, qui êtes ses serviteurs, et qui faites sa volonté ! ».

Matthieu 6 :10 « que ton règne vienne ; que ta volonté soit faite sur la terre comme au ciel ».

Matthieu 7 :21 « ceux qui me disent : seigneur, seigneur ! n'entreront pas tous dans le royaume des cieux, mais seulement celui qui fait la volonté de mon père ».

1 Jean 2 :17 « or le monde passe, sa convoitise aussi, mais celui qui fait la volonté de Dieu demeure éternellement ».

Job 23 :12 « je n'ai pas abandonné les commandements sortis de ses lèvres, j'ai fait plier ma volonté aux paroles de ma bouche ».

Hébreux 10 :36 « oui, vous besoin de persévérance pour accomplir la volonté de Dieu et obtenir ainsi ce qi vous est promis ».

1 Jean 5 :14 « nous avons auprès de lui cette assurance : si nous demandons quelque chose conformément à sa volonté, il nous écoute ».

Jacques 1 :18 « conformément à sa volonté, il nous a donné la vie par la parole de vérité afin que nous soyons en quelque sorte les premières de ses créatures ».

2 Corinthiens 8 :12 « quand la bonne volonté existe, on est bien accueilli en fonction de ce que l'on a, et non de ce que l'on n'a pas ».

1 Thessaloniciens 5 :16-18 « soyez toujours joyeux. Priez sans cesse, exprimez votre reconnaissance en toute circonstance, car c'est la volonté de Dieu pour vous en Jésus-Christ ».

Romains 15 :32 « ainsi je pourrai venir chercher chez vous dans la joie, si c'est la volonté de Dieu, et trouver du repos au milieu de vous ».

2 Pierre 1 :21 « car ce n'est jamais par une volonté d'homme qu'une prophétie a été apportée, mais c'est poussé par le Saint-Esprit que des hommes ont parlé de la part de Dieu ».

Psaumes 143 :10 « enseigne-moi à faire ta volonté, car c'est toi qui es mon Dieu. Que ton bon Esprit me conduise sur le terrain de la droiture ! ».

Hébreux 13 :20-21 « le Dieu de la paix a ramené d'entre les morts notre seigneur Jésus, devenu le grand berger des bergers grâce au sang d'une alliance éternelle. Qu'il vous rende capable de toute bonne œuvre pour l'accomplissement de sa volonté, qu'il lui est agréable par Jésus-Christ, à qui soit la gloire aux siècles des siècles ! amen !».

## Les songes et les visions

Dans l'ancien testament, Dieu a souvent exprimé sa volonté en utilisant les songes et les visions comme étant des moyens de communications de sa volonté pour son peuple. Job 33 :14-16 « Dieu parle cependant, tantôt d'une manière, tantôt d'une autre, et l'on y prend point garde. Il parle par des songes, par des visions nocturnes, quand les songes sont livrés à un profond sommeil, quand ils sont endormis sur leur couche. Alors, il leur donne des avertissements et met un sceau à ses instructions, afin de détourner l'homme du mal et de le préserver de l'orgueil ».

Cette portion des écritures nous montre clairement que Dieu peut communiquer avec les hommes au travers des songes et visions. Et Les songes et les visions sont des termes Bibliques interchangeables,

Nous avons par là certitude que les songes et les visions peuvent être d'origine divine, mais ont-ils tous une origine divine ? la réponse est bien évidemment non, puisqu'il nous arrive d'avoir des songes et visions qui n'ont aucun sens particulier.

### Origines des songes et visions

Les songes et proviennent généralement de trois sources différentes :

- Premièrement, un songe ou une vision peut être donné par le diable dans le but de susciter la peur, car Satan se nourrit de cela et notre seigneur se nourrit de la foi. Il se détecte quand il arrive à communiquer le doute, la confusion et l'angoisse chez les croyants en particuliers et les hommes en général.
- Deuxièment, un songe ou une vision peut avoir pour origine les multiples occupations de la journée ou nos propres pensées comme nous nous l'affirme Ecclésiaste 5 :2 « car, si les songes naissent de la multitude des occupations, la voix de l'insensé se fait entendre dans la multitude des paroles ».
  A la lumière de ce passage Biblique, nous pouvons dire qu'une journée chargée peut être à l'origine de certains songes ou visions que nous pouvons avoir. Il nous arrive d'avoir des songes où nous revivons certains faits de la journée en faisant soit, les mêmes choses que nous avions eu dire durant la journée. Même si ce songe revêt un caractère spirituel, il peut néanmoins ne pas être d'origine divine mais le fruit de nos pensées ou différentes activités ou des différentes activités que nous avions eu à faire pendant la journée.

- Troisièmement le songe ou vision peut provenir de Dieu lui-même, dans l'ancien testament, il se servaient de deux canaux pour transmettre à son peuple sa pensée. Ce que nous devons retenir des songes ou visions, c'est qu'ils sont la preuve que Dieu parle. C'est un moyen que Dieu a choisi pour nous communiquer sa pensée car c'est une conversation d'esprit à esprit ; un instant où Dieu parle à l'homme. Les songes ou visions ont deux buts principaux : nous sauver d'une situation dangereuse échappant à notre discernement ou notre connaissance, et nous révéler la souveraineté de Dieu dans chacune des circonstances. Cette révélation de songe ou vision peut être manifestée par un songe révélant le plan éternel.

**Cinq instruments de Dieu pour nous guider**

Les moyens classiques pour nous faire connaitre sa volonté :

- **La conviction intérieure** :

Conviction, équivalent de croyance, état d'esprit dans lequel un individu suppose la véritable connaissance ou expérience qu'il a d'un événement ou d'une chose. La conviction intérieure est l'expression de ce que nous croyons ; ce dont nous sommes surs et ce dont nous doutons ; de ce que nous comprenons comme bon ou mauvais. La foi est la conviction des choses qu'on ne voit pas. C'est-à-dire que la foi a une dimension invisible. Le guide intérieur le plus important du chrétien est le Saint-Esprit. Jean 16 :13 « Quand le consolateur sera venu, l'Esprit de vérité, il vous conduira dans toute la vérité ; car il ne parlera pas de lui-même, mais il vous dira tout ce qu'il aura entendu, et il vous annoncera les choses à venir ».

- **La prière :**

Dieu est la première cause de toute bonne prière et même de notre désir de prier. La prière est l'un des piliers de la vie chrétienne, la prière est le premier chapitre de la prière de notre père. La prière est le baromètre de notre dépendance à Dieu. La prière ne consiste pas seulement à demander, mais aussi à chercher de connaitre la volonté de Dieu.

- **Les circonstances :**

Les circonstances auxquelles nous faisons face dans la vie des enseignements que le seigneur nous donne pour découvrir sa volonté. Parfois, il utilise les circonstances pour nous révéler sa volonté.

- **La Bible :**

Nous croyons que la Bible est la parole de Dieu, et c'est à travers elle que nous découvrions la volonté parfaite de Dieu clairement écrite pour nous guider dans la lumière de sa parole.

- **Les moyens inattendus :**

Dieu n'est pas dans une boite, il n'est pas non plus dans un système où l'on peut facilement comprendre ses méthodes. L'un des moyens utilisés dans l'ancien testament pour découvrir la volonté de Dieu, c'était aussi par le tirage au sort. Cette pratique est mentionnée soixante-dix fois dans l'ancien testament et sept fois dans le nouveau testament. Malgré les nombreuses références au tirage au sort dans l'ancien testament, nous ne savons rien de la méthode employée : courte paille, pile ou face, dés...

La pratique du tirage au sort est le plus mentionnée en lien avec le partage de la terre promise à l'époque de Josué (Josué14 :21), une procédure plusieurs fois décrite par Dieu dans le livre des Nombres (Nombres 26 :55 ; 33 :54 ; 34 :13 ; 36 :2) Dieu a permis aux israélites de recourir au tirage afin de déterminer sa volonté pour certaines situations (Josué 18 :6-10 ; 1 Chroniques 24 :5-31 ; 25 :8-9, 26 :13-14). De même, les marins sur le navire de Jonas ont tiré au sort afin de déterminer qui avait attiré la colère de Dieu sur leur navire, (Jonas 1 :7).

Les onze apôtres ont tiré au sort pour désigner le successeur de Judas (Actes 1 :26). Le tirage au sort était aussi utilisé comme un jeu pour des paris, comme on le voit quand les soldats romains ont tiré au sort les vêtements Jésus (Matthieu 27 :35).

Le nouveau testament ne donne pas de méthode analogique au tirage au sort que les chrétiens doivent employer pour les aider dans leurs décisions. Maintenant que nous disposons de la parole complète de Dieu, ainsi que du Saint-Esprit qui demeure en nous et nous guide. Nous n'avons plus de raison de tirer au sort pour prendre des décisions : la parole de Dieu, l'Esprit de Dieu et la prière sont suffisants pour discerner la volonté de Dieu.

## Urim et Thummim

L'urim et thummin sont des instruments préparés par Dieu pour obtenir la révélation de Dieu. En hébreux (Urim et Thummin) signifient) : « lumières et perfections ». L'urim et le thummin faisaient partie des nombreux vêtements du souverain sacrificateur.

L'éphod, un objet richement décoré, faisait partie aussi de ces vêtements avec le pectoral du jugement, dans lequel étaient placés l'urim et le thummim. Le souverain sacrificateur de l'ancien Israël les portait tel que mentionné dans Exode 28 :30 « tu joindras au pectoral du jugement l'urim et le thummim, et ils seront sur le cœur d'Aaron, lorsqu'il se présentera devant l'éternel.

Ainsi, Aaron portera constamment sur son cœur le jugement des enfants d'Israël ». Et Nombres 27 :21 « il se présentera devant le sacrificateur Eléazar, qui consultera pour lui le jugement de l'urim devant l'éternel ; et Josué, tous les enfants d'Israël avec lui, et devant toute l'assemblée ». Il les consultait comme ordonné par Dieu, lors des urgences publiques ou nationales, en se rendant dans le saint, près du voile qui le séparait du saint des saints, et en plaçant sa main sur l'urim et le thummim. En faisant cela il transmettait ainsi une demande à Dieu à qui il demandait un jugement. Dieu donnait ensuite sa réponse et ses instructions pour Israël.

L'urim, deux pierres de sardoine, étaient conservées chacune dans une pochette carrée sur le pectoral, près des épaules du souverain sacrificateur. Le nom des douze tribus d'Israël étaient gravés sur les deux pierres. Une des pierres se mettait à briller avec éclat, d'une façon surnaturelle lorsque Dieu était présent, ce qu'on pouvait voir à distance.

Le thummim était composé de douze pierres « d'une taille et d'une beauté extraordinaires » chaque pierre avait le nom d'une tribu gravé dessus. Elles étaient insérées dans le pectoral et brillaient avec splendeur lorsque Dieu leur indiquait qu'ils seraient vainqueurs au combat.

## Le Saint-Esprit

Le Saint-Esprit témoigne de la vérité, il est la source du témoignage personnel et de la révélation de la volonté de Dieu, plus question de tirage au sort et de toute autre pratique similaire à l'ancien testament pour découvrir la volonté de Dieu. Car, le Saint-Esprit nous suffit pour tout et en tout. Jean 14 :16-17 « et moi, je prierai le père, et il vous donnera un autre consolateur, afin qu'il demeure éternellement avec vous. L'Esprit de vérité, que le monde ne peut recevoir, parce qu'il ne voit point ; mais vous, vous le connaissez, car il demeure avec vous. L'Esprit de vérité, que le monde ne peut recevoir, parce qu'il ne le voit point et ne le connait point ; mais vous, vous le connaissez, car il demeure avec vous et il sera avec vous ».

La vérité est que le seigneur a envoyé le Saint-Esprit pour nous montre combien il s'intéresse à chaque aspect de nos vies. Le Saint-Esprit a été envoyé comme notre ami, notre consolateur et notre guide. Jésus a clairement dit que le Saint-Esprit sera pour nous tout ce que lui a été pour les disciples lorsqu'il était sur terre.

Jésus a dit à tous ceux qui le suivaient, « je ne vous laisserai pas orphelins ». en d'autres termes, il nous dit : je vous envoie quelqu'un qui vous défendra et qui vous guidera. Je ne vous laisse pas sans aide, impuissant et vulnérable aux pièges de l'ennemi. Réjouissez-vous car je vous envoie quelqu'un dont la puissance est plus grande que toutes celles qui se trouvent dans l'univers.

Jésus appela le Saint-Esprit le « consolateur », c'est une chose de savoir qu'il est notre consolateur mais c'est une autre de savoir comment il nous console. Le fait est que la consolation ne vient pas de ce que l'on ressent mais de ce que nous connaissons. L'œuvre de la consolation débute par cette vérité fondamentale : Dieu n'est en colère contre vous, il vous aime.

Galates 4 :6 « et parce que vous êtes fils, Dieu a envoyé dans nos cœurs l'Esprit de son fils, lequel crie : Abba ! père ! ». C'est le Saint-Esprit qui crie en nous nous : « souviens-toi de ce que Jésus a dit : tu es le fils et fille du Dieu tout-puissant. Tu as un père dans les cieux qui t'aiment ». les différents rôles du Saint-Esprit dans nos vies :

- Le Saint-Esprit manifeste la présence de Christ en nous
- Le Saint-Esprit scelle les promesses de Dieu dans nos cœurs
- Le consolateur nous communique la paix
- L'Esprit libère des fleuves de consolation, de paix et de repos dans nos âmes.

Ephésiens 4 :30 « n'attristez pas le Saint-Esprit de Dieu, par lequel vous avez été scellés pour le jour de votre rédemption ».

En effet, l'Esprit de Dieu nous fait connaitre ce qui attriste le cœur de Dieu concernant l'incrédulité et le manque de prière. Lorsque nous recherchons la volonté de Dieu, nous devons bannir la peur et le doute., car ces deux éléments attristent l'Esprit de Dieu.

Romains 8 :26 « de même aussi l'Esprit nous aide dans notre faiblesse, car nous ne savons pas ce qu'il nous convient de demander dans nos prières. Mais l'Esprit intercède lui-même intercède par des soupirs inexprimables ». L'Esprit nous aide dans notre faiblesse, cela ne veut pas dire que l'Esprit nous aide dans les occasions où nous sommes faibles, notre état en est un de faiblesse, et l'Esprit nous aide continuellement. Le mot faiblesse en grec c'est « astheneia » qui signifie une incapacité physique, émotionnelle et spirituelle. Malgré notre faiblesse l'Esprit continue de nous aider, le verbe « aider » en grec dépeint quelqu'un qui en aide un autre à porter une lourde charge. C'est exactement le travail de l'Esprit de Dieu en nous, dans notre faiblesse, nous ne savons pas ce qu'il nous convient de demander dans la prière c'est-à-dire ce que nous devrions prier comme c'est nécessaire.

Galates 5 :17 « car la chair a des désirs contraires à ceux de l'Esprit, et l'Esprit en a de contraires à ceux de la chair ; ils sont opposés entre eux, afin que vous ne fassiez point ce que vous voudriez ».

Nous avons besoin de vivre une vie qui soit contrôlée et alimentée sur le plan spirituel par l'Esprit de Dieu. Car, il y a une guerre intérieure qui fait rage en nous. Nous sommes menacés par des pensées qui ne sont dignes de Christ, nous regardons des choses que nous ne devrions pas regarder, nous sommes tentés par des choses qui ne devraient pas être une tentation et nous écoutons des choses inappropriées. Ces choses nous ressentir combien nous sommes indignes et impurs.

Cette guerre peut devenir si intense et si fréquente que nous pouvons avoir le sentiment d'avoir perdu la guerre. Même l'apôtre Paul a expérimenté cela, c'est avec angoisse qu'est écrié : « misérable que je suis ! qui me délivrera du corps de ce corps de mort ? (Romains 7 :24). En réponse à notre détresse le Saint-Esprit vient avec cette vérité réconfortante :

1 Corinthiens 10 :13 « aucune tentation ne vous est survenue qui n'ait été humaine, et Dieu, qui est fidèle, ne permettra pas que soyez tentés au-delà de vos forces ; mais avec la tentation il préparera aussi de vos forces ; mais avec la

tentation il préparera aussi le moyen d'en sortir, afin que vous puissiez la supporter ».

Savoir que le Saint-Esprit a établi sa demeure en nous, qu'il exerce toutes ces fonctions miraculeuses, qu'il habite en nous pour toujours et qu'il ne nous délaissera ni ne nous abandonnera jamais est source d'une grande joie et d'un grand réconfort. Merci seigneur pour ce don ^précieux du Saint-Esprit et pour son œuvre dans nos vies.

28 actions du Saint-Esprit

1. Il nous aide
2. Il nous guide
3. Il nous enseigne
4. Il nous parle
5. Il nous révèle des choses spirituelles
6. Il nous donne des instructions claires et précises
7. Il témoigne de Jésus
8. Il nous réconforte
9. Il nous appelle
10. Il nous remplit
11. Il nous fortifie
12. Il prie pour nous
13. Il prophétise au travers de nous
14. Il nous aide à déceler la vérité
15. Il nous rend joyeux
16. Il nous rend libres
17. Il appelle le retour de Jésus
18. Il nous transforme
19. Il vit en nous
20. Il nous renouvelle
21. Il produit des fruits en nous
22. Il nous donne des dons
23. Il nous convainc
24. Il nous sanctifie
25. Il nous recouvre de puissance
26. Il nous unit
27. Il chasse les démons
28. Il nous rend patients

Toutes les bénédictions t'atteindront, quand tu obéiras à la volonté de l'éternel, ton Dieu. Deutéronome 28 :2

L'obéissance est l'un des traits les plus importants d'un chrétien, lorsque nous sommes obéissants, nous suivons la direction de Dieu et faisons sa volonté. Ceci est essentiel pour notre croissance spirituelle. Pour être obéissants, nous devons être en communication constante avec le Saint-Esprit.

Dieu veut que nous soyons obéissants ; c'est notre plus haute vocation en tant chrétiens. Soyons disposés à faire tout ce qu'il nous demande, et suivons ses conseils avec foi et obéissance.

L'obéissance est l'acte de suivre les commandements de Dieu, vous suivez ses lois et ses directives. C'est ce qui vous distingue du monde.

L'obéissance n'est pas toujours facile, mais elle en vaut toujours la peine, lorsque vous obéissez à Dieu, vous lui montrez que vous lui faites confiance et que vous êtes prêt à suivre sa direction.

L'obéissance est la clé lorsque vous suivez la volonté de Dieu, il a un plan pour chacun de nous, et si nous n'obéissons pas à ce plan, nous ne pourrons pas accomplir notre but dans la vie. La direction de Dieu exige souvent que fassions des choses difficiles.

Il nous donnera la force et la sagesse dont nous avons besoin pour réussir, soyons obéissants, suivons la direction de Dieu et regardons-le faire des miracles dans nos vies. Lorsque vous restez obéissants face à la difficulté, vous serez béni avec un beau résultat.

La Bible est pleine de ces histoires qui démontrent comment l'obéissance et la fidélité peuvent apporter de bons résultats même dans des situations difficiles. Pour cultiver une habitude d'obéissance en suivant la direction de Dieu, la prière est primordiale. Il est important d'être toujours en dialogue avec et rechercher sa volonté.

Nous pouvons également cultiver l'habitude d'obéir en étudiant les écritures, en passant du temps avec d'autres croyants.

La parole de Dieu nous promet chaque jour le pain, le salaire et les bénédictions, toutes ces faveurs sont disponibles pour nous à condition que nous marchions dans la volonté de Dieu. Le Saint-Esprit nous aide à découvrir cette volonté parfaite et planifiée par Dieu dans son conseil suprême.

Si une personne est bien disposée, elle est prête à recevoir tout ce que Dieu lui réserve. Car l'amour de Dieu est garantie sans condition, mais vous devez faire votre part.

**Prière :**

« Seigneur, tu es ma lumière et ma bannière, mon abri et mon appui, mon asile et mon oasis, mon bouclier et ma cuirasse, ma fore et ma forteresse, mon libérateur et mon rédempteur, mon rocher et mon rempart, ma foi et mon espérance, ma victoire et ma gloire. Seigneur des seigneurs, supérieur aux esprits, élevé en dignité, couronné de gloire et de splendeur, je t'en supplie, aide-moi à rester toujours sensible à la voix de ton Esprit pour découvrir ta volonté et marcher sur tes voies, je refuse que ma vie soit dirigée par le gouvernement de ma propre volonté. Je vais que seul ta volonté soit faite dans ma vie, au nom de Jésus, amen ! »

## Chapitre 5 : Développer les bonnes habitudes

La méditation de la parole de Dieu est négligée par un bon nombre des chrétiens. Combien d'entre eux lisent et méditent ne serait-ce qu'un chapitre ou un verset par jour ?

Ces derniers préfèrent accorder des heures, minutes aux émissions attrayantes, aux réseaux sociaux et à la musique tout en reléguant au second plan la méditation de la parole de Dieu. Quel triste constat : la bible est bien plus qu'un livre ! c'est une parole vivante, une boussole dans la grande aventure de la vie chrétienne. Ainsi, un croyant qui ne médite pas est vide, ballotté de tout vent de doctrines. Le seigneur n'a-t-il pas dit que l'homme ne se nourrira pas seulement de pain, mais de toute parole qui sort de la bouche de Dieu ? en avoir c'est bien, mais la lire c'est beaucoup mieux ; car elle est le premier canal de communication du père avec ses enfants. Méditer la bible, c'est tendre l'oreille à l'esprit.

La méditation biblique doit être un reflexe quotidien pour le chrétien, c'est-à-dire que la méditation doit devenir une habitude sacrée pour les chrétiens.

John Dryden a dit : « nous façonnons d'abord nos habitudes, puis nos habitudes nous façons ».

10 choses que chaque chrétien devrait savoir sur les habitudes

1) Une habitude est un acte qui se répète facilement sans réfléchir ni planifier.
2) Une habitude est un acte qui devient votre habitude, que vous en soyez conscient ou non.
3) Une habitude est souvent un acte insignifiant qui semble n'avoir aucun pouvoir d'influencer l'avenir.
4) Une habitude peut être bonne ou mauvaise, naturelle ou spirituelle.
5) Les bonnes habitudes se répètent aussi facilement que les autres mauvaises habitudes.
6) Les mauvaises habitudes mènent a des échecs et à des défaits constants sans que la personne se rende compte de ce qui se passe.
7) Les bonnes habitudes mènent à un succès et à une victoire régulière sans se rendre compte de ce qu'elle fait.
8) Les mauvaises habitudes sont faciles à prendre mais difficile à vivre.
9) Chaque chrétien réussit à un nombre de bonnes habitudes qui l'ont mené au succès.

10)Les bonnes habitudes sont une procédure de sécurité pour les chrétiens

## Les bonnes habitudes

### 1. Ouvrir sa bible chaque matin :

Au commencement Dieu…, c'est sur ces mots que s'ouvre la bible. De cela, nous comprenons que l'honneur que nous devons à notre Dieu est de le mettre en premier dans toutes nos activités. Bien démarrer sa journée c'est s'abandonner à la volonté et à la grâce de Dieu tout en disant : « notre père, qui est aux cieux, que ton nom soit sanctifié, que ton règne vienne, que ta volonté soit sur la terre comme au ciel. Donne-nous aujourd'hui notre pain de ce jour ».

### 2. Proclamer la parole de Dieu :

La parole de Dieu est vivante, elle est pleine de force et grâce à elle nous pouvons nous approcher du très-haut avec la ferme assurance d'être exaucé et transformé. Parfois nous ne rendons pas compte de la puissance qui réside dans la parole de Dieu. Alors que Moise achevait sa marche avec le peuple d'Israël, Josué lui recevait les instructions du seigneur par ce que c'est lui allait traversait le jourdain avec le peuple pour entrer dans le pays promis.

A l'occasion, le seigneur a particulièrement insisté sur le fait de méditer sa parole. Esaïe 55 :10-11 « comme la pluie et la neige descendent des cieux, et n'y retournent pas sans avoir arrosé, fécondé la terre, et fait germer les plaintes, sans avoir donné de la semence au semeur et du pain à celui qui mange. Ainsi, en est-il de ma parole, qui sort de ma bouche : elle ne retourne point à moi sans effet, sans avoir exécuté ma volonté et accompli mes desseins ».

### 3. Créer une atmosphère de louange et d'adoration :

Car Dieu siège au milieu de la louange et l'adoration de son peuple. Tu dois te mettre dans une atmosphère propice à ce que le Saint-Esprit puisse se manifester. Etant dans l'adoration, le Saint-Esprit commencera à faire monter en toi des paroles et des inspirations divines par rapport à ton problème. Tu pourras commencer à prier et déclarer ou proclamer ces paroles pleines de vie pour voir les choses changer.

### 4. Être conduit par l'Esprit

Nous avons besoin d'être conduit par le Saint-Esprit, car il est écrit dans romains 8 :14 « tous ceux qui sont conduit par l'Esprit de Dieu sont fils de Dieu ». la présence du Saint-Esprit dans le croyant atteste que le croyant est né de Dieu, c'est-à-dire enfant ( tekna en grec signifie « enfants », littéralement « ceux qui sont nés »). Le contrôle et la direction du Saint-Esprit démontrent les privilèges du croyant dans la famille de Dieu en tant que fils (huios en grec repressente un enfant suffisamment grand pour jouir des privilèges et assumer les responsabilités des adultes dans la famille. Être conduit par l'Esprit est une œuvre accomplie en faveur de tous les enfants de Dieu, sans exception. Si vous êtes conduits par l'Esprit de Dieu, et si vous êtes enfants de Dieu, vous êtes conduit par l'Esprit de Dieu. C'est une œuvre tout à fait remarquable ! c'est un privilège qui nous appartient.

### 5. Marcher dans la victoire

S'il y a un conseil que l'on nous donne à notre conversion, c'est bien celui de méditer et connaitre la parole de Dieu. En effet, lorsque nous venons à christ, nous changeons de royaume et nous sommes donc soumis à un autre gouvernement.

Les lois, les valeurs et les promesses de ce royaume sont contenues dans la Bible qui est la parole écrite de Dieu. En créant l'être humain, Dieu voulait qu'il domine sur la terre. Voilà pourquoi il nous donne sa parole qui contient des trésors, afin qu'en l'appliquant, nous soyons vainqueurs dans n'importe quelle situation. Cette vérité est mise en en exergue dans la Bible, et Paul en parle dans les épitres aux romains 8 :37 « mais dans toutes ces choses nous sommes plus qu'un vainqueur par celui qui nous a aimés ».

Plus qu'un vainqueur en grec c'est « hypernikomen », nous sommes plus qu'un vainqueur, cette déclaration est au présent et en grec cela exprime une action continue. Nous sommes plus qu'un vainqueur signifie : « nous continuons d'être vainqueurs jusqu'au plus grand degré » ou « nous continuons de remporter une glorieuse victoire » par celui qui nous a aimés.

### 6. Marcher sur ses voies

C'est en marchant dans ses voies qu'il nous protège de ce qui n'est pas bon pour nous. Que ce soient des activités, des situations, des influences ou des choses que l'on regarde, le Saint-Esprit sera là pour nous permettre de faire le tri. A travers la méditation de la parole de Dieu, nous découvrons les voies que le seigneur a tracées pour nous. Proverbes 14 :12 « telle voie parait droite à un homme, mais son issue c'est la voie de la mort ».

Zacharie 3 :7 « ainsi parle l'éternel des armées : si tu marches dans mes voies et si tu observes mes ordres, tu jugeras ma maison et tu garderas mes parvis, et je te donnerai libre accès parmi ceux qui sont ici ». Esaïe 45 :2b « j'aplanirai les chemins montueux, je romprai les portes d'airain, et je briserai les verrous de fer ».

7. **Avoir du succès**

Conforme-toi à tout ce qui est écrit, car c'est alors que tu auras du succès dans tes entreprises, c'est alors que tu réussiras. Josué 1 :8. Si nous demandions à des personnes dans la rue de définir le succès, la plupart le définirait par la puissance, la richesse ou encore la position. Et vous, comment le définiriez-vous ? Dieu voit le succès d'une manière bien différente de la nôtre.

Le succès signifie pour lui de marcher à sa manière, selon la parole comme jésus nous l'a montré dans les écritures. Si vous voulez vous aussi réussir, lisez sa parole, méditez sa parole et surtout vivez en conformité avec elle. Car ce qui importe aux yeux de Dieu c'est ce que vous êtes, votre cœur, votre caractère et non votre carrière.

8. **Avoir un calendrier**

Si notre exercice spirituel est à l'horaire, à chaque jour, c'est plus probable qu'il se concrétise. Pour certains, le meilleur pour méditer la Bible, c'est à 5h30' du matin. Personnellement, je considère que Dieu mérite le meilleur de mon attention, dès que je me réveille à 6h30', j'ai toujours l'habitude de lui consacrer mon attention et de saturer mes pensées par sa parole.

9. **Avoir un plan**

Si la lecture de la Bible, l'étude, la méditation ne viennent pas naturellement, c'est normal ! c'est une raison de plus pour développer un plan de match plutôt que d'abandonner ! peut-être que ton plan consistera en une séquence : lecture d'une section, méditation d'un passage, prière d'adoration et d'intercession basée sur le texte lu, les autres requêtes ensuite. Ton plan sera peut-être d'avoir un plan de prière différent pour chaque jour de la semaine.

**NB :** médite ta Bible même quand ça ne te tente pas, car l'appétit vient en mangeant ! Dieu réserve souvent des grandes bénédictions pour les moments où nous nous y attendons le moins.

10. Recherche la constance dans la fréquence plutôt que de chercher à toujours avoir moments parfaits

N'attends pas que les conditions soient gagnantes pour méditer la Bible. Plusieurs temps d'intimité avec Dieu qui sont « moyens » sont préférables à un seul temps merveilleux par mois. En fait, si tu attends le moment où tu as des chances d'avoir l'intimité parfaite avec Dieu, tu risques de ne jamais l'avoir et de t'éteindre. L'intimité régulière est ce qui te permettra d'espérer avoir, à l'occasion, des temps extraordinaires avec lui.

### 11. Trouver un partenaire à qui rendre compte

Faire de l'exercice avec quelqu'un, ça nous aide à nous motiver. Si un des deux est trop lâche ou fatigué, un bon matin, l'autre va l'encourager. Ecclésiaste 4 :9-10 « deux valent mieux qu'un, parce qu'ils retirent un bon salaire de leur travail. Car, s'ils tombent, l'un relève son compagnon ; mais malheur à celui qui est seul et qui tombe, sans avoir un second pour le relever ! ».

Pour plusieurs, avoir une ou deux personnes avec qui partager ce que nous lisons régulièrement est une bonne motivation. Il est sans doute pertinent de mentionner que l'Esprit de Dieu est celui qui nous transforme le plus dans notre lecture, étude et méditation de la Bible.

## Pourquoi est-ce si dur de méditer sa Bible régulièrement ?

Nous sommes tous d'accord sur ce point : nous devrions méditer notre Bible régulièrement pour plusieurs bonnes raisons mais si c'est ce que Dieu et que cela doit nous faire du bien, pourquoi est-ce si dure de le faire alors ?

Méditer la Bible tous les jours c'est une montagne pour certains, un truc à faire pour ne pas se sentir coupable pour d'autres, un acte d'obéissance parce que Dieu le veut, parce qu'on répète sans cesse que nous devrions méditer tous les jours et au mieux le matin. C'est une erreur de croire que méditer la Bible n'est une priorité, que ce n'est pas bien grave, que vous n'en avez pas besoin si fréquemment. Nos vies sont surchargées, nos emplois du temps remplis, nos cerveaux sont envahis d'informations.

### 1. Fatigué et pas disposée :

A quoi sert la méditation biblique puisque je suis fatigué et donc je ne vais rien comprendre ? A quoi ça sert puisque je ne me sens pas dans des bonnes conditions, je ne suis pas disposé à ce que Dieu me parle au travers de sa parole ?

Nos vies spirituelles sont comme des batteries, lorsqu'elles sont à plat, il convient de les recharger. Dieu voit lorsque nous sommes à bout de force et épuisés et il faut le lui confesser. Dans psaumes, il y a souvent des pauses, cela équivaut à des temps de réflexion et on remarque qu'après ces temps de réflexion, les psalmistes qui étaient abattus, ressortent pleins de louange et d'amour pour Dieu.

Esaïe 40 :29-31 « il donne de la force à celui qui est fatigué, et il augmente la vigueur de celui qui tombe en défaillance. Les adolescents se fatiguent et se lassent, et les jeunes hommes chancellent ; mais ceux qui se confient en l'éternel renouvellent leur force. Ils prennent leur vol comme les aigles ; ils courent, et ne se lassent point, ils marchent, et ne se fatiguent point ».

### 2. Paresse :

La paresse est un mode de vie pour certains et une tentation pour tous. Cependant la parole de Dieu la signifie clairement ; puisque le seigneur a ordonné à l'homme de prier, méditer et travailler. Proverbes 21 :25 « les désirs du paresseux le tuent parce que ses mains se refusent à l'action ». La parole de Dieu nous enseigne beaucoup de vérités sur la paresse. Les proverbes, tout particulièrement, contiennent de nombreuses paroles de sagesse à ce sujet et des avertissements à l'endroit du paresseux.

Ce que nous demande un effort ne vient pas spontanément, quand on ne voit pas qu'une chose pourrait nous apporter un plaisir immédiat, on a tendance à remettre au lendemain pour faire des choses plus enthousiasmantes. Mais il faut lutter contre la paresse et cette tendance à nous laisser porter par nos désirs, au gré de nos envies. Ecouter un message ou regarder une prédication ne remplace pas la méditation de la Bible. C'est une erreur de penser que puisque le prédicateur sait plus des choses que moi, alors ça ne sert à rien de méditer la Bible toute seule, qu'il vaut mieux attendre le dimanche matin.

Vérités sur les paresseux :

- Le paresseux aime le sommeil
- Le paresseux se cherche des excuses
- Le paresseux gaspille son temps et son énergie
- Le paresseux se croit sage, il est insensé
- Le paresseux est serviteur ou débiteur
- Le paresseux a son avenir sombre
- Le paresseux risque de tomber dans la pauvreté
- Le paresseux est actif aux de Satan

### 3. Sommeil spirituel :

Le sommeil évoque une perte de jouissance de notre relation avec Dieu, un relâchement de nos affections pour christ. L'effet de sommeiller spirituellement est un réel danger pour l'âme au point que les exhortations à nous réveiller ne manque pas, afin que la mort spirituelle ne nous atteigne pas. La Bible nous exhorte à ne pas dormir comme les autres qui n'ont pas d'espérance.

Etes-vous dans le sommeil spirituel ? si oui, qu'allez-vous faire pour vous réveiller ? quotidiennement dans la prière et la méditation de la parole, recherchez la présence de Dieu afin de ne pas tomber dans le sommeil spirituel.

Dieu nous appelle au réveil, c'est pour cela qu'est écrit : réveille-toi, toi qui dors, relève-toi d'entre les morts, et Christ t'éclairera (Ephésiens 5 :14). Le réveil spirituel du point de vue biblique se définit étant la manifestation de la reprise de conscience du Dieu créateur qui se traduit par sa présence et son action dans la vie personne et d'une communauté.

Avant l'arrivée de Jésus-Christ sur la terre, l'humanité presque dans sa globalité était dans les ténèbres et coupée de Dieu excepté une minorité des personnages bibliques comme Noé, Abraham, Moise, Job et Daniel qui avaient reçu le réveil par la révélation.

La nouvelle alliance prônée par Jésus-Christ reste et demeure la seule possibilité donnée à l'homme de se ruminer de son sommeil. Et si le réveil reste à la portée de tous, il faut néanmoins relever a toujours que Dieu a toujours traité avec l'humanité sur l'humanité sur la base d'une alliance.

### 4. Aveuglement spirituel :

L'aveuglement spirituel est toujours lié aux ténèbres et à la mort. Nous sommes appelés à quitter tout aveuglement spirituel pour entrer dans la pleine lumière du seigneur. Or l'aveuglement spirituel, c'est la privation de la vue. On ne voit pas, et le pire, c'est qu'on ne sait pas qu'on ne voit pas. On croit souvent être dans la lumière, et, pour Dieu qui nous voit, on est dans les ténèbres.

2 corinthiens 4 :4 « pour les incrédules dont le dieu de ce siècle a aveuglé l'intelligence, afin qu'ils ne visent pas briller la splendeur de l'évangile de la gloire de Christ, qui est l'image de Dieu ». Être aveugle spirituellement, ça veut dire manquer de discernement pour voir les choses de Dieu. On ne voit son propre état spirituel, on ne discerne pas l'état spirituel des autres, on ne discerne pas le seigneur et ce qu'il veut faire.

Souvent on ne se rend même pas compte à quel point on est aveugle spirituellement, et tout le travail du Saint-Esprit est de nous amener toujours plus près de sa lumière, parce que c'est grâce à ses entrailles de miséricorde qu'il nous attire dans sa lumière. L'œil est la lampe du corps Matthieu 6 :22 « l'œil est la lampe du corps. Si ton œil est en bon état, tout ton corps sera éclairé ». Tout homme sans christ ne diffère pas de Bartimée dont le nom signifie « fils de Timée », un aveugle guéri par Jésus à l'entrée de Jéricho.

### 5. La rébellion :

La Bible parle beaucoup de la rébellion, par ce que c'est un sujet très sérieux avec de très sérieuses conséquences ! en lisant l'histoire d'Israël et de Juda, on voit une génération après l'autre se rebellant contre le seigneur. Dieu dit à Osée : « mon peuple est enclin à s'éloigner de moi… » (Osée 11 :2). En hébreux, cela veut dire : « mon peuple a l'habitude de me tourner le dos et de s'éloigner de moi. Et Jérémie fréquemment ce cri du cœur : « revenez, enfants rebelles, dit l'éternel ; car je suis votre maitre » (Jérémie 3 :14).

Le mot rébellion signifie amplement « tourner le dos à Dieu », la plupart du temps, le peuple de Dieu s'est rebellé après des périodes de grandes bénédictions et de prospérité. Souvent, lorsque Dieu a déversé des grâces incroyables sur Israël, peu après, le peuple s'est écarté de lui. La Bible est très claire, se rebeller est une mauvaise chose et amère, et cela a de terribles conséquences.

## Chapitre 6 : Exercer les dons spirituels

Dans la Bible, il existe neuf dons spirituels selon 1 Corinthiens 12 :8-10, tous sont regroupés en trois catégories : les dons d'expressions, les dons de révélation et les dons de puissance.

15 vérités à retenir sur les dons spirituels :

1. Les dons spirituels sont l'expression de la grâce divine
2. Les dons spirituels sont distribués par le Saint-Esprit
3. Tout chrétien a un don
4. Aucun chrétien ne possède tous les dons
5. Les chrétiens devraient recherchaient leurs dons
6. Les dons spirituels sont distribués en vue du bien commun
7. La diversité des dons doit manifester l'unité du corps de christ
8. L'exercice des dons doit glorifier Dieu
9. Les chrétiens doivent exercer leurs dons avec largesse
10. L'exercice des dons se fait avec la force que Dieu donne
11. Les dons spirituels ne doivent pas être ignorés
12. Les dons spirituels ne sont pas des compétences physiques
13. Les dons spirituels ne sont pas une propriété privée
14. Les dons spirituels ne sont pas commercialisés
15. Dieu ne se repent pas de ses dons.

**NB :** cette liste n'est pas exhaustive.

Etudions chaque catégorie des dons spirituels :

**Les dons de révélations :**

- **Le don de parole sagesse**

Ce don s'assimile aussi à l'intelligence et donne la capacité de s'exprimer pour résoudre des cas complexes et pour convaincre. Salomon est reconnu étant celui que le seigneur a le plus utilisé concernant le don sagesse, qu'il a demandé au seigneur dans 2 Chroniques 1 :10-12 « et le roi dit : coupez en deux l'enfant qui vit, et donnez-en la moitié à l'une et à l'autre. Alors la femme dont le fils était vivant sentit ses entrailles s'émouvoir pour son fils, et elle dit au roi : ah ! mon seigneur, donnez-lui l'enfant qui vit, et ne le faites point mourir. Mais l'autre dit : il ne sera ni à toi ; coupez-le ! et le roi, prenant la parole, dit : donnez à la première l'enfant qui vit, et ne le faites point mourir. C'est elle qui est sa mère. Tout Israël apprit le jugement que le roi avait prononcé. Et l'on craignait le roi, car on vit que la sagesse était en lui pour le diriger dans ses jugements ».

- **La parole de connaissance**

La parole de connaissance, c'est le don qui permet de connaitre la pensée des cœurs. 1 Samuel 9 :19-20 « Samuel répondit à Saul : c'est moi qui suis le voyant. Monte devant moi au haut lieu, et vous mangerez aujourd'hui avec moi. Je te laisserai partir demain, et je te dirai tout ce se passe dans ton cœur. Ne t'inquiète pas des ânesses que tu as perdues il y a trois jours, car elles sont retrouvées… ? ». De même en Jean 4 :19 « la samaritaine a dit au seigneur : je vois que tu es prophète ».

Luc 6 :7 « les scribes et les pharisiens observaient Jésus, pour voir s'il ferait une guérison le jour du sabbat : c'était afin d'avoir sujet de l'accuser. Mais il connaissait leurs pensées, et il dit à l'homme qui avait la main sèche : et tiens-toi au milieu, il se leva, et se tint debout ».

- **Le don de discernement des esprits**

Ce don permet de dévoiler les mauvais esprits, les démons qui œuvrent secrètement et silencieusement dans les familles, quartiers.... Actes 16 :16-18 « comme nous allions au lieu de prière, une servante qui avait un esprit de Python, et qui, en devinant, procurait un grand profit à ses maitres, vint au-devant de nous, et se mit à nous suivre, Paul et nous. Elle criait : ces hommes sont les serviteurs du très-haut, et ils annoncent la voie du salut. Elle fit cela pendant plusieurs jours. Paul fatigué, se retourna, et dit à l'esprit : je t'ordonne, au nom de Jésus-Christ, de sortir d'elle. Et il sortit à l'heure même ».

Actes 13 :8-10 : « mais Elymas, le magicien, car c'est ce qui signifie son nom, leur faisait opposition, cherchant à détourner de la foi le proconsul. Alors, appelé aussi Paul, rempli du Saint-Esprit, fixa les regards sur lui, et dit : homme plein de toute justice, ne cesseras-tu point de pervertir les voies droites du seigneur ? ».

**Les dons de puissance**

- **Le don de la foi**

Il ne faut pas confondre cela avec la foi commune pour le salut des âmes, il s'agit du don de la foi, qui permet d'accomplir l'impossible. Et c'est de cette foi que le seigneur parlait en Matthieu 17 :18-20 « c'est à cause de votre incrédulité, leur dit Jésus. Je vous le dis en vérité, si vous aviez de la foi comme un grain de sénevé, vous diriez à cette montagne : transporte-toi d'ici là, et elle se transporterait ; rien ne vous serait impossible ».

Abraham est reconnu comme étant celui qui avait le don de la foi. Romains 4 :19-22 « et, sans faiblir dans la foi, il ne considéra point que son corps était déjà usé, puisqu'il avait près de cent ans, et que Sara n'était plus en état d'avoir des enfants. Il ne douta point, par incrédulité, au sujet de la promesse de Dieu ; mais il fut fortifié par la foi, donnant gloire à Dieu ».

La femme atteinte de perte de sang depuis douze ans, avait également le don de la foi « car elle disait en elle-même : si je puis seulement toucher son vêtement, je serai guérie. Jésus se retourna, et dit, en la voyant : prends courage, ma fille, ta foi t'a guérie. Et cette femme fut guérie à l'heure même ». Matthieu 9 :21-22

Matthieu 8 :10-13 « même en Israël je n'ai pas trouvé une aussi grande foi… »

On ne peut pas passer sous silence David, qui possédaient le don de la foi a pu vaincre Goliath dans 1 Samuel 17 :34-37.

- **Le don de guérison**

Lorsqu'on a le don de guérison, on n'échoue pas, quel que soit la maladie. Il ne faut pas confondre le don de guérison avec la prière par la foi pour la guérison. Jacques 5 :14-15 « quelqu'un parmi vous est-il malade ? qu'il appelle les anciens de l'église et que les anciens, prient pour lui, en l'oignant d'huile au nom du seigneur ; la prière de la foi, et le seigneur le relèvera ; et s'il a commis des péchés, il lui sera pardonné ».

- **Le don d'opérer les miracles**

Le miracle est un fait extraordinaire qui dépasse l'entendement humain, et qui va au-delà de l'impossible. Le prophète, le plus utilisé par le seigneur pour accomplir les miracles reste Moise, comme le témoigne ce verset de Deutéronome 34 :10-12 « il n'a plus paru en Israël de prophète semblable à Moise, que l'éternel connaissait face à face. Nul ne peut lui être comparé pour les signes et les miracles que Dieu l'envoya faire au pays d'Egypte contre Pharaon, contre ses serviteurs et contre tout son pays, et pour tous les prodiges de terreur que Moise accomplit à main forte sous les yeux de tout Israël ».

Jean 11 :39-44 « Jésus dit : ôtez la pierre. Marthe, la sœur du mort, lui dit : seigneur, il sent déjà, car il y a quatre jours qu'il est là. Ayant dit cela, il cria, il cria d'une voix forte : Lazare, sors ! et le mort sortit, les pieds et les mains liés de bandes, et le visage enveloppé d'un linge. Jésus leur dit : Déliez-le, et laissez-le aller ».

Actes 19 :11-12 « et Dieu faisait des miracles extraordinaires par les mains de Paul, au point qu'on appliquait sur les malades des linges ou des mouchoirs qui avaient touché son corps, et les maladies les quittaient, et les esprits malins sortaient ».

1 Rois 17 :21-23 « et il s'étendit trois fois sur l'enfant, invoqua l'éternel, et dit : éternel, mon Dieu, je t'en prie, que l'âme de cet enfant revienne au-dedans de lui ! l'éternel écouta la voix d'Elie, et l'âme de l'enfant revint au-dedans de lui, et il fut rendu à la vie. Elie prit l'enfant, le descendit de la chambre haute dans la maison, et le donna à sa mère. Et Elle dit : vois, ton fils est vivant ».

**Les dons de révélation**

- **Le don de la prophétie**

Il ne faut pas confondre le don de la prophétie, avec le ministère de prophète avec le ministère prophétique. Le don de la prophétie, c'est le fait de donner de la part du seigneur un message concernant un événement ponctuel ou futur.

C'est don intervient pour édifier, consoler, exhorter, avertir, comme cela est mentionné dans 1 Corinthiens 14 :3 « celui qui prophétise, au contraire, parle aux hommes, les édifie, les exhorte, les console ».

- **Le don diversité des langues**

Pour mieux comprendre l'exercice du don de la diversité des langues, Esaïe 28 :11 « eh bien ! c'est par des hommes aux lèvres balbutiantes et au langage, que l'éternel parlera à ce peuple ».

Marc 16 :17 « le seigneur avait déjà annoncé ce don : « voici les miracles qui accompagneront ceux qui auront cru : en mon nom, ils chasseront les démons ; ils parleront de nouvelles langues ».

La première manifestation du parler en langues

Le jour de l'établissement de l'église du nouveau testament à la pentecôte, tous les disciples étaient réunis à la chambre haute parlèrent en d'autres langues selon que l'Esprit de Dieu descendu sur eux, leur donnait de s'exprimer. La chose extraordinaire est que tous ceux qui les écoutaient, entendaient les paroles qu'ils exprimaient dans leurs propres langues maternelles.

- **L'interprétation des langues**

Ce don est obligatoire, dès l'instant qu'une personne parle en langue lorsque nous sommes en langues. L'interprétation des langues permet donc d'édifier tout le peuple présent « que faire donc, frères ? lorsque vous vous assemblez, les uns ou les autres parmi vous, ont-ils un cantique, une instruction, une révélation, une langue, une interprétation, que tout se fasse pour l'édification. 1 Corinthiens 14 :26-28 « en est-il qui parlent en langue, que deux ou trois au plus parlent, chacun à son tour, et que quelqu'un interprète, qu'on se taise dans l'église ».

Paul nous montre la nécessité d'interpréter, lorsqu'on parle une nouvelle langue, il va jusqu'à comparer le don de prophétie, avec celui du parler en langue : « celui qui parle en langue s'édifie lui-même ; celui qui prophétise édifie l'église. Je désire que vous parliez tous en langues, mais encore plus que vous prophétisez. Celui qui prophétise est plus grand que celui qui parle en langues ; à moins que ce dernier n'interprète, pour que l'église en reçoive de l'édification.

# Chapitre 6 : Comprendre le langage Biblique

Le langage est la capacité d'exprimer une pensée et de communiquer au moyen d'un système des signes (vocaux, gestuel, graphique, tactiles olfactifs, etc.) doté d'une sémantique. Et Dieu, dans la Bible a utilisé plusieurs plus expressions pour nous parles. Car, on ne communique pas un message que par la parole mais aussi, par des attitudes, des gestes, des signes et des chiffres...etc.

Dieu est Dieu ; il peut donc parler comme il veut, quand il veut, et à qui il veut. Moise par exemple, lorsque l'éternel lui parlait sur le mont Sinaï devant le peuple Israël, Dieu lui répondait dans un tonnerre. Or, quelques temps plus tard, Dieu lui a parlé comme un homme parle avec un ami. Samuel a entendu la voix de Dieu dans 1Samuel 3 :4 « alors l'éternel appela Samuel, il répondit : Me voici ! ». Elie le prophète a pu entendre Dieu dans un murmure doux et léger dans 1 Rois 19 : 12 « et après le tremblement de terre, un feu : l'éternel n'était pas dans le feu, un murmure doux et un léger ».

Paul a aussi entendu la voix du seigneur dans une lumière resplendissante dans Actes 8 : 3 « comme il était en chemin, et qu'il approchait de Damas, tout à coup une lumière venant du ciel resplendit au tour de lui ».

Dieu peut parler de plusieurs façons, et il peut nous permettre de reconnaitre sa voix par la puissance du Saint-Esprit à travers la méditation. Car, la compréhension du langage de Dieu est fonction d'une vie de méditation biblique.

**Les langages Bibliques :**

Les langages Bibles sont donc les modes d'expressions Bibliques portant une gamme de signification Bibliques, les plus utilisés sont :

- **La comparaison**

La comparaison c'est l'action de rapprocher des personnes ou des personnes pour examiner leur ressemblance ou leurs différences. Par exemple : le cheval était rapide comme l'éclair c'est-à-dire le cheval blanc est comparé à l'éclair.

Une comparaison comporte quatre éléments : un comparé, un comparant, un outil de comparaison et un point de comparaison. La comparaison établit une étude de similitude entre un premier objet, le comparé, et un second objet, le comparant.

Dans la Bible, il y a plusieurs comparaison ou étude de similitude que l'on peut faire pour enrichir notre connaissance. Proverbes 4 :18 « le sentier des justes est comme la lumière resplendissante, dont l'éclat va croissant jusqu'au milieu du jour ».

- **Le symbole**

Le symbole est un signe perceptible qui représente quelque chose d'abstrait. Dans la Bible, Dieu a aussi exprimé sa pensée dans un langage symbolique.

1. L'abeille : symbole des rois d'Assyrie (Esaïe 7 :18)

L'abeille représente d'une manière générale l'invasion relativement cruelle (Deutéronome 1 : 44).

2. L'adultère : infidélité, violation de l'alliance établie et par conséquent, symbole d'idolâtrie, tout particulièrement parmi ceux ont connu la vérité (Jérémie 3 :8-9 ; Ezéchiel 23 :37, Apocalypse 2 :22).
3. L'aigle : puissance, vision pénétrante, le mouvement dans le sens le plus terme.
4. L'airain (métal, bronze ou cuivre) : symbole de l'endurance, de la difficulté, de l'obstination (Esaïe 48 :4 ; Jérémie 6 :28) ; également force et fermeté (Psaumes 107 :16).
5. Ancres : espérance (Hébreux 6 :19)
6. Arbres : celui qui est élevé, est le symbole des souverains (Ezéchiel 31 :5-9).
7. Arche : Christ (1Pierre 3 :20-21 ; Hébreux 11 :7))

8. Babylone : symbole du traitement droit et juste (Job 28 :19) lorsqu'il s'agit de l'achat de l'achat de nourriture, elle symbolise la pénurie (Ezéchiel 5 :1 ; Apocalypse 6 :5-6).
9. Bélier : symbole des rois en général et plus particulièrement de roi de perse (Daniel 8 :3-20)
10. Bête : symbole d'une puissance tyrannique et usurpatrice quelque fois de toute puissance temporelle, qu'elle soit (Ezéchiel).
11. Bleu : ce qui est céleste, la royauté (Esther 8 :15)
12. Bouc : symbole des rois de Macédoine et plus particulièrement d'Alexandre (Daniel 8 :5-7)
13. Boucs : symbole de méchants en général (Matthieu 25 :32-33)
14. Bras : symbole de force et de puissance ; le bras étendu symbolise la puissance en action (Exode 6 :6)
15. Buisson d'épines : mauvaises influences (Juges 9 :14)
16. Cèdres : force, perpétuité (Psaumes 104 :16)
17. Ceinture serrée : prête pour le service ; la ceinture desserrée, symbolise le repos.
18. Cendres : tristesse, repentance (Job 42 :6 ; Daniel 9 :3 ; Esther 4 :1)
19. Chaines : esclavages (Marc 5 :4)
20. Chandelier : symbolise la lumière, la joie, la vérité et le gouvernement (Apocalypse 2 :5)
21. Chérubins : certains pensent qu'ils symbolisent la gloire souveraine de Dieu ; dans le livre d'apocalypse, ils parlent de la gloire des rachetés et selon des perfections de Dieu manifestées sous leurs différentes formes. (Genèse 3 :4 ; Exode 25 :18 ; Nombres 7 :23).
22. Cheval : symbolise l'équipement nécessaire pour la guerre et pour la rapidité (Joël 2 :4) ; l'expression aller à cheval ou monter à cheval sur les hauteurs du pays, parle de domination.
23. Chien : symbolise l'impureté et l'apostasie (proverbes 26 :11, apocalypse 22 :15)
24. Chrysolithe : gloire manifeste
25. Ciel et terre : cette expression est utilisée dans un triple sens : 1) invisible ; 2) visible ; 3) politique, le terme ciel symbolise ceux qui règnent et la terre désigne les gens, les sujets.

Les deux formes un royaume ou état (Esaïe 51 :15-16)

26. Clef : symbole de l'autorité, du droit d'ouvrir et de fermer (Esaïe 22 :22 ; apocalypse 3 :7 ;20 :1)
27. Colombe ou pigeon : influence douce et bienfaisante de l'Esprit de Dieu (Matthieu 3 :16)

28. Corne : symbole de puissance (Deutéronome 33 :17 ; 1Rois 22 :11 ; Michée 4 :13) symbole également de dignité royale (Daniel 8 :9 ; Apocalypse 13 :1). Les cornes de l'autel constituaient un refuge particulièrement sur (1 Rois 1 :50).

29. Couleurs : noir, symbole d'angoisse et d'affliction (Job 30 :30 ; Apocalypse 6 :5) ; pale, symbole d'infirmité mortelle (apocalypse 6 :8) ; rouge, symbole du sang versé ou de victoire (Zacharie 6 :2 ; apocalypse 12 :3) ; blanc, symbole, de beauté et de sainteté (Ecclésiaste 9 :8 ; apocalypse 3 :4) ; blanc, symbole de la couleur royale et sacerdotale chez les juifs autrefois c'était comme le pourpre chez les romains.

30. Coupe (calice ou fiole) : symbole du luxe le plus provoquant et (apocalypse 17 :4), également des rites idolâtres (1 Corinthiens 10 :21) et de la portion qui revient à chacun (apocalypse 14 :10 ; 18 :6)

31. Couronne (tiare) : symbole de l'autorité qui a été conférée (lévitique 8 :9), également de l'autorité impériale et de la victoire (1 Pierre 5 :1)
32. Cramoisi : symbole de la vie, car c'est la couleur du sang (Esaïe 1 :18)

33. Croix : sacrifice (Colossiens 2 :14)

34. Egypte : symbole d'une puissance et d'un persécuteur hautain, tel que Rome (apocalypse 11 :8)

35. Emeraude : espérance (pierre précieuse)

36. Encens : symbole de la prière, il brulait avec du feu que l'on prenait sur l'autel de parfums (Psaumes 141 :2 ; Mal 1 :11)

37. Endurcissement : incrédulité (Romains 11 :25)

38. Enivrer : symbole de la folie du péché (Jérémie 51 :7) et de la stupidité qui entraine le jugement divin (Esaïe 49 :26)

39. Fer : sévérité (Apocalypse 2 :27)

40.Feu : symbole de la parole de Dieu (Jérémie 23 :29) ; symbole aussi de la destruction (Esaïe 43 :2), de purification (Malachie 3 :2), de persécution (1Pierre 1 :7), de châtiment et de souffrance (Marc 9 :44)

41.Foret : symbole de la ville de règne, des arbres les plus hauts représentant les souverains (Esaïe 10 :17-34 ; 32 :19 ; Jérémie 21 :14 ; Ezéchiel 21 :2)

42.Front : désigne l'inscription ou le signe que le prêtre portait (Exode 28 :36-38), un serviteur ou un soldat portait (apocalypse 22 :4)

43.Fruit : manifestation des activités de la vie (Matthieu 7 :16)

44.Grappes : celles qui sont mûres symbolisent les juges qui sont mûrs pour le jugement (apocalypse 14 :18)

45. Grenouilles : symbole des ennemis impurs et imprudents (apocalypse 16 :4)

46.Habits : symbole des qualités intérieures ; les vêtements blancs symbolisent la pureté, la sainteté et le bonheur (Esaïe 52 :1 ; Zacharie 3 :4). Donner des vêtements à quelqu'un signifiait lui accorder une faveur et lui montrer son amitié (1 Samuel 17 :39).

47. Harpe : symbole de joie et de louange (Psaumes 49 :5 ; 32 :2 ; 2 Chroniques 20 :28 ; Esaïe 30 :33 ; apocalypse 14 :1-2)

48.Huile : rendre fort par l'onction, d'où la vie et la force que l'Esprit de Dieu inculque (Jérémie 5 :14)

49.Hyacinthe et Améthyste : promesse de gloire future (pierre précieuse)

50.Hysope : purification (Psaumes 51 :9)

51. Jaspe : passion, souffrance (pierre précieuse)

52.Léopard (tigre) : symbole d'un ennemi cruel et trompeur (apocalypse 13 :2 ; Daniel 7 :6 ; Jérémie 13 :13 ; Habacuc 1 :8)

53. Lion : symbole d'une puissance énergétique et dominatrice (2Rois 17 :25 ; Amos 3 :8)

54. Lis : beauté et pureté (Osée 14 :5 ; Matthieu 6 :28)

55. Livre : le livre de témoignage que l'on donnait au roi symbolisait le début officiel de son règne (2Rois 11 :12) ; un livre écrit au-dedans et au-dehors symbolise une longue série d'événements : un livre scellé symbolise des secrets ; manger les paroles d'un livre symbolise une étude sérieuse et profonde (Jérémie 15 :16 ; apocalypse 10 :9). Le livre de vie est le registre où l'on trouve les noms des rachetés (Esdras 2 :62 ; apocalypse 3 :5) ; un livre ouvert symbolise le début du jugement (apocalypse 5 :1-5 ; 20 :12).

56. Lumière : connaissance, joie (Jean 12 :35)

57. Mains : symbolise l'activité, ainsi les mains pures, les mains pleines de sang, symbolise les actes correspondants, purs et sanglants (1 Timothée 2 :8 ; Esaïe 1 :15).

58. Laver les mains : symbolise l'expiation des fautes ou une manifestation d'innocence (1 Timothée 2 :8 ; Matthieu 27 :24). La main droite symbolise une position d'honneur (Marc 14 :62 ; 16 :24). Donner la main d'association symbolise la participation aux droits et aux bénédictions (Galates 2 :9). Donner la main équivaut à se donner soi-même (2 Chroniques 38 :8). Lever la main droite était un signe de serment (Genèse 14 :22 ; Daniel 12 :7 ; apocalypse 10 :5-6).

Les marques des mains symbolisent l'esclavage et l'idolâtrie (Zacharie 13 :6). Les mains placées sur la tête de quelqu'un symbolisent la transmission de la bénédiction, de l'autorité ou de la culpabilité. (Genèse 48 :14-20 ; Daniel 10 :10). La main de Dieu placée sur un prophète, indique l'influence spirituelle qu'elle exerce (1 Rois 18 :46 ; Ezéchiel 1 :3 ; 3 :22).
Le doigt indique une influence inférieure, le bras indique une influence supérieure.

59. Manger : symbolise la méditation et la participation à la vérité (Esaïe 55 :1-2) ; symbolise également les conséquences d'une conduite observée (apocalypse 17 :16 ; Psaumes 27 :2).

60.Mariage ou noces : symbole de l'union et de la fidélité dans l'alliance avec Dieu et, en conséquence, de la perfection (Esaïe 54 :1-6 ; apocalypse 19 :7 ; Ephésiens 5 :22-23).

61.Mère : symbolise ce qui produit (apocalypse 17 :5), comme par exemple, une ville dont les habitants sont en conséquence, appelés les fils (2 Samuel 20 :19), une ville centrale dont les populations sont appelées les filles (Esaïe 50 :1), symbolise également l'église du nouveau testament (Galates 4 :26).

62. Mesurer (séparer, partager, diviser) : symbolise la conquête et la possession (Zacharie 2 :2 ; Amos 7 :17).

63.Moisson : consommation de toutes choses et aussi l'occasion présente : époque de destruction (Esaïe 17 :5 ; apocalypse 14 :15). La faucille de la moisson représente le moyen de la destruction (Joël 3 :13). La moisson du blé symbolise également le champ pour le travail de l'église (Matthieu 9 :37 ; Jean 4 :35-38).

64. Monstre ou dragon : symbolise l'Egypte et en général, toutes les puissances anti-chrétiennes (Esaïe 27 :1 ; 51 :9 ; apocalypse 12 :3 ; 13 :1-3).

65.Montagne : symbolise la grandeur et la stabilité (Esaïe 2 :2 ; Daniel 2 :34).

66. Mort : séparation d'avec Dieu, insensibilité spirituelle (Romains 5 :6 ; Matthieu 8 :22 ; apocalypse 3 :1 ; Jacques 2 :26).

67.Œil, yeux : symbolisent la connaissance, mais aussi la gloire, la fidélité (Zacharie 4 :10) ; et le gouvernement (Nombres 10 :31). Un œil mauvais symbolise l'envie, un œil bon symbolise la libéralité et la miséricorde.

68. Or : réalité, gloire et puissance (Genèse 41 :42)

69.Ours : symbolise l'ennemi, l'aveugle, féroce et sans égards (Proverbes 11 :7 ; apocalypse 13 :2).

70.Pain : pain de vie, christ ; nourriture, moyen de substance spirituelle (Jean 6 :35).

71.Palmier : palmes, réalisations, victoires, prospérité (Psaumes 92 :13 ; Lévitique 23 :40).

72.Pierres précieuses : symbolisent la magnificence et la beauté (Apocalypse 4 :3 ; 21 :11-21).

73. Pluie : influence divine (Jacques 5 :7 ; Osée 6 :3)

74. Poisson : symbole des chefs des nations (Ezéchiel 29 :4-5)

75.Porte : siège de la puissance (Jean 10 :9)

76.Pourpre : ce qui est royal (Daniel 5 :7 ; Apocalypse 17 :4)

77.Pousse, rameau ou branche : symbole du fils ou de descendant (Esaïe 11 :1 ; Ezéchiel 19 :14 ; Zacharie 3 :8).

78.Poussière : fragilité de l'homme (Ecclésiaste 3 :20 ; Job 30 :1-19).

79.Premier-né : les premiers-nés avaient autorité sur les frères et sœurs cadets ; ils faisaient office de prêtres dans leurs familles respectives et, en se consacrant à Dieu, ils sanctifiaient leurs familles par leur consécration ; ils recevaient une double part d'héritage d'une certaine manière, ils symbolisaient Christ (Genèse 27 :1-37 ; Exode 13 :2-13 ; Nombres 3 :12-18 ; Deutéronome 21 :17).

80.Renard : tromperie, ruse (Luc 13 :32)

81.Roseau : fragilité humaine (Matthieu 12 :20)

82.Sang : la vie (Genèse 9 :4)

83.Saphir : vérité

84.Sardoine : amour (Exode 28 :17 ; Apocalypse 4 :3)

85.Sardonyx : tendresse, tristesse, purification

86. Sel : conservation : incorruptibilité, permanence (Matthieu 5 :13)

87. Souffre : symbole de tourment (Job 18 :15 ; Psaumes 11 :6 ; Apocalypse 14 :10).

88. Taureau : symbole d'un ennemi fort et furieux (Psaumes 22 :13 ; Ezéchiel 39 :18), taureaux désignent le peuple en général, les maisons et les villes (Jérémie 50 :27).

89. Topaze : Joie du seigneur (pierre précieuses)

90. Tremblement de terre : symbole d'une agitation violente dans le monde politique ou social (Joël 2 :10 ; Aggée 2 :21 ; Apocalypse 6 :12)

91. Trompette : signe précurseur d'événement important (Apocalypse 8 :6)

92. Vent fort : symbole de tumulte, calme, tranquillité (Apocalypse 7 :1).

93. Vierges : symbole de serviteurs fidèles qui n'ont pas été souillés par l'idolâtrie (Apocalypse 14 :14).

94. Vigne : symbole de grande fécondité, vendage, symbole de destruction (Jérémie 2 :21 ; Osée 14 :7 ; Apocalypse 18 :19).

95. Voile du temple : corps de Christ (Hébreux 10 :20).

- **Les chiffres et les nombres**

La Bible est ponctuée des chiffres et des nombres. Ils jouent un rôle important dans la Bible, ils sont toutefois précieux pour éclairer les textes.

Le chiffre 1 : c'est d'abord le chiffre de la potentialité : c'est Elo ah, l'être éternel (Deutéronome 6 :4). Le chiffre 1 symbolise Dieu, qui est unique. Pour cette raison, il exprime l'exclusivité, la primauté, l'excellence. Ainsi quand Jésus répond au jeune homme riche : « Qu'as-tu à m'interroger sur ce qui est bon ? un seul est Bon » (Matthieu 19 :17). Il est écrit : « le père est moi, nous sommes un » (Jean 10 :30).

De même quand Paul déclare : « il n'y a qu'un seul seigneur, une seule foi, un seul baptême, un seul Dieu » (Ephésiens 4 :5). Dans tous ce cas, le chiffre 1 symbolise l'environnement divin. C'est chiffre nous parle aussi de l'unité de la foi de tous ceux qui se sont convertis à Jésus-Christ, selon Jean 17 :11 « Qu'ils soient un comme nous ». « Comme un seul homme » (Esdras 3 :9).

Le chiffre 2 : chiffre du témoignage suffisant, Deutéronome 17 :6. Dans l'évangélisation (Marc 6 :7) et pour le culte (Matthieu 18 :20). C'est chiffre nous parle aussi d'une dualité, d'une lutte : les deux natures du croyant, les deux maitres « nul ne peut servir deux maitres à la fois » (Matthieu 6 :24), les deux chemins (large et étroit), les deux alliances (l'ancienne et la nouvelle), les deux réalités (lumière et ténèbres, jour et nuit, richesse et pauvreté).

Le chiffre 3 : chiffre de la trinité et du témoignage parfait, le baptême chrétien est pratiqué « au nom du père, du fils, et du Saint-Esprit (Matthieu 27 :19). L'homme offre une image de la trinité, d'après 1 Thessaloniciens 5 :23, il est formé : d'un esprit, d'une âme, et d'un corps.

La Bible peut être envisagée sur un plan trinitaire : 1) l'ancien testament = Dieu pour l'homme ; 2) les évangiles= Dieu avec l'homme ; 3) les épitres=Dieu en nous, par le Saint-Esprit habitant dans nos cœurs.

La nature entière porte la marque de son créateur, ainsi les trois manifestations sont : 1) l'action ; 2) La parole ; 3) la pensée.

Il y a trois règnes sur notre globe : 1) minéral ; 2) végétal ; 3) animal. La famille est fondée sur le principe de la trinité : 1) le père ; 2) la mère ; 3) les enfants.

L'ordre humain selon Dieu : 1) la famille ; 2) l'église ; 3) l'état. La Bible a été écrite dans trois langues : 1) l'hébreu ; 2) l'araméen ; 3) le grec.

Le temps existe comme : 1) passé ; 2) présent ; 3) futur. L'électricité se présente sous les trois formes suivantes : 1) chaleur ; 2) lumière ; 3) la force.

La parole de Dieu nous parle de trois ascensions au ciel : 1) Enoch ; 2) Elie ; 3) Jésus. Dans la Bible, il y a trois classes de gens : 1) les juifs ; 2) les gentils ; 3) l'église.

Le témoignage parfait se trouve dans 1 Jean 5 :6 où nous voyons trois éléments : 1) l'eau ; 2) le sang ; 3) l'esprit.

Le chiffre 4 : c'est le chiffre de la manifestation de Dieu au monde, dans le cours de la géographie, on parle des quatre points cardinaux. L'Esprit souffle de quatre vents, il y a quatre évangiles correspondant aux quatre couleurs du tabernacle dans apocalypse 4 (pourpre, écarlate, blanc pur, et bleu). Il y a quatre animaux dans Ezéchiel 1 :10. Il y a quatre bras qui arrosaient le fleuve dans Genèse 2 :10-14. Dans l'histoire de Chadrac, Mechack, Abed nego, le roi remarqua, qu'il y avait quatre homme et 4ème avait l'aspect d'un fils de Dieu. il est écrit : « là où deux ou trois sont réunis en mon nom, je suis au milieu d'eux ».

Le chiffre 5 : c'est le chiffre de l'homme mettant en évidence son infirmité, sa faiblesse. Lors de la multiplication des pains, on apporta à Jésus cinq pains. Moise a écrit cinq livres contenant la loi qui met en évidence le péché et l'incapacité de l'homme à faire le bien. L'homme a cinq sens, il a aussi cinq doigts. La Bible nous parle des cinq vierges sages. Dans la généalogie de Jésus, nous voyons cinq femmes : Ruth, la moabite ; Tamar ; Bathscheba (mère de Salomon) ; Marie, mère de Jésus. Le chiffre cinq, c'est le chiffre de la grâce, parmi ces cinq femmes, il y a de celles-là qui avaient une mauvaise réputation et disqualifiée par la loi, mais la grâce les a insérées dans la généalogie du sauveur.

Le chiffre 6 : chiffre du maximum et des limites de l'homme. L'homme a été crée le 6ème jour, il y a six villes de refuges pour celui qui avait tué involontairement. Goliath avait une lance qui pesait six cents sigles de fer (1 Samuel 17 :7). Le nombre de la Bête est de 666 dans apocalypse 13 :18. Dans 1 Rois 10 :19, le trône de Salomon malgré toute sa beauté avait six degrés.

Le chiffre 7 : le chiffre de la perfection divine dans les choses spirituelles, mais aussi dans le rapport des choses de Dieu avec la terre. L'écriture présente sept alliances de Dieu avec les hommes.

La prière de notre père contient sept demandes, trois relatives à Dieu et quatre à l'homme. Le message destiné à l'église dans toutes les époques de son histoire est adressé à sept églises d'Asie mineure (apocalypse 2 &3).

Le chiffre 7 : c'est aussi le chiffre du repos (sabbat) Dieu se reposait le septième jour, le repos sabbatique le jour où l'individu devrait se débarrasser de l'objet. C'est aussi le chiffre de ce qui est complet, accompli, parfait.

Christ a prononcé sept paroles sur la croix, Enoch qui fut enlevé au ciel était le septième dans sa famille. Jésus a dit à Pierre qu'il doit pardonner à son frère jusqu'à 70 fois.

Le sept peut designer aussi la perfection dans le mal, lorsque Jésus enseigne que, si un esprit mauvais sort d'un homme, il peut revenir avec sept autres mauvais esprits.

Le chiffre 8 :

Chiffre de la résurrection, du jour éternel et du royaume de Dieu, dans l'évangile de Jean, qui est celui du fils de Dieu, on trouve huit miracles, signes du royaume de Dieu.

Dans l'arche de Noé, il y avait huit personnes par lesquelles l'humanité est en quelque sorte ressuscité. Noé fut le huitième après Adam, la circoncision, qui est en quelque sorte la mort et la résurrection du prépuce se faisait le huitième jour.

Le chiffre 9 : c'est le chiffre de l'aboutissement, il marque la fin d'un processus. Adam était de quatre vingt neuf ans, lorsque le seigneur lui apparut et fit alliance avec lui tout en précisant que le patriarche serait fécond (Genèse 17 :1).

La grossesse qui est un long processus prend généralement fin le 9ème mois. Dans Exode 10, la 9ème plaie qui frappa l'Egypte fut constituée des ténèbres ont précédés la mort de l'agneau pascal et la mort des premiers-nés Egyptiens.

Marc 15 :34, Jésus cria « Eloi, Eloi, lama sabachtani » ce qui signifie : mon père, mon père, pourquoi m'as-tu abandonné ?

Le nombre 10

Le nombre 10 est le nombre de loi et de la pénalité, la double responsabilité envers Dieu et envers l'homme.

Les 10 changements de salaire de Jacob qui a été trompé par son beau-père Laban (Genèse 31 :7). Les ânes et ânesses chargés de nourriture et de ce qu'il y a de meilleur en Egypte ont apporté à Joseph, alors intendant en Egypte, pouvait lui envoyer. (Genèse).

Les dix plaies d'Egypte ont été envoyées par Dieu afin de briser l'arrogance de pharaon qui refusait de laisser partir les israélites (Exode 7 à Exode 12). Les dix commandements ont été donnés à Moise sur le Mont Sinaï, pour le peuple d'Israël qui venait d'être libéré (Exode 34 :28).

Les dix fois où les israélites ont provoqué Dieu, ne l'ont pas écouté et sont venus à bout de sa patience malgré tous les miracles dont ils ont été témoins ; ils ne verront pas la terre promise (Nombres 14 :22, 23).

Les Israélites disent aux Judéens : « le roi nous appartient 10 fois au tant, David est même plus à nous qu'à vous (2 Samuel 19 :44).

Les 10 jours d'essaie pendant lesquels Daniel et ses compagnons mangent des légumes et boivent de l'eau plutôt que les plats et le vin servis à la table du roi. Au bout des 10 jours, ils ont eu une meilleure apparence que les autres, ils peuvent alors continuer avec cette alimentation (Daniel 1 :12-16).

Le roi de Babylone trouve Daniel et ses trois compagnons, Hanania, Mishaél, et Azaria, 10 fois supérieurs en sagesse et en intelligence que tous les magiciens et astrologues du royaume (Daniel 1 :20).

Les israélites qui essaient de reconstruire Jérusalem se heurtent à une forte opposition de la part des populations locales. Les Juifs qui habitent près de ces opposants sont venus 10 fois prévenir les israélites du danger (Néhémie 4 :6).

Les dix cordes de luth sur lequel on loue l'éternel dans Psaumes 33 :2 ; 92 :4 ; 144 :9.

Les 10 fois où les compagnons de Job l'agressent et cherchent à le confondre (Job 19 :3). Les 10 expriment la somme de leurs réflexions et remarques blessantes et culpabilisantes.

Les dix pièces d'or ou mines remises aux serviteurs afin de les faire fructifier (Luc 19 :13), elles symbolisent l'ensemble des responsabilités chrétiennes confiées par Jésus avant son départ.

Les dix de tribulations sont une période de persécution que les gouvernements infligeront aux serviteurs de Dieu au temps de la fin. Ces derniers pourront plus réaliser l'œuvre de témoignage et seront comme emprisonnés (Apocalypse 12 :3 ; apocalypse 173).

Elkana dit à sa femme qui pleure de n'avoir aucun enfant : « est-ce que je ne vaux pas pour mieux que dix fois ».

Les dix vierges attendent l'époux dans la parabole de Jésus, seule la moitié d'entre elles sont assez prévoyantes pour prendre de l'huile pour leur lampe (Matthieu 25 :1-13).

Le nombre douze

C'est nombre exprime l'élection. Ainsi, on parle des douze tribus d, on parle des douze tribus d'Israël, il y a douze apôtres de Jésus, il y a douze portes de la Jérusalem céleste, il y douze juges en Israël, il y a douze étoiles qui couronnent la femme dans le livre d'apocalypse, il y a douze prophètes minutes.

Le nombre 40

Représente le remplacement d'une période par une autre, ou bien la durée d'une génération. Ainsi le déluge se prolonge pendant 40 jours et 40 40 nuits, le temps du passage à une humanité nouvelle. Les israélites séjournent 40 ans dans le désert, le temps nécessaire pour la génération infidèle soit remplacée par une autre. Moise reste 40 jours sur le Mont Sinaï, Elie marche 40 jours. Jésus pour marquer son passage de la vie privée à la vie publique.

## Les figures de rhétoriques

Les figures de rhétoriques sont des procédés de l'écriture qui permettent d'exprimer une réalité de façon imagée, parfois figurée, juste pour des effets stylistiques. On les retrouve aussi dans la Bible.

Les différentes figures de rhétoriques sont :

- **Métaphore**

Cette image a pour but de base une ressemblance entre deux objets ou des actes, caractérisant l'un d'entre eux à l'aide de ce qui appartient à l'autre. Exemple : « je suis le vrai cep », Jésus s'attribue les caractéristiques essentielles de la vigne et en disant aux disciples : « vous êtes les sarments » il leur attribue les caractéristiques des sarments. Pour bien comprendre cette image, nous devons nous demander : qu'est-ce qui caractérise le cep et quelle fonction a-t-il principalement ?

Le cep sert à communiquer la sève et la vie aux sarments afin que ceux-ci puissent porter des grappes. Dans un sens spirituel, c'est ce qui caractérise Christ ; il est le vrai cep et communique la vie et la puissance aux vivants, afin qu'ils portent les fruits.

- **Synecdoque**

On utilise cette image lorsqu'on veut utiliser veut utiliser une partie de tout, ou le tout pour parler d'une partie. Exemple : le psalmiste dit : « mon corps repose en sécurité » au lieu de dire « mon être entier repose » son corps n'étant qu'une partie de son être.

Il est écrit dans (Luc 2 :1) : « en ce temps là parut un édit de César auguste, ordonnant un recensement de toute la terre ». Ce qui signifie la partie du monde que César Auguste gouvernait.

- **Métonymie**

Cette image est employée lorsque la cause est mise à la place de l'effet, ou le signe ou symbole à la place de la réalité que le symbole représente. Exemple : Jésus utilise et remplace l'effet par la cause, lorsqu'il présente disant : « ils ont Moise et les prophètes ; qu'ils écoutent » au lieu de dire qu'ils ont les écrits de Moise et des prophètes, c'est-à-dire dans l'ancien testament (Luc 16 :29).

De même, il remplace la réalité par son signe ou son symbole lorsqu'il dit à Pierre : « si je ne te lave pas les pieds, tu n'auras point de part avec moi ». (Jean 13 :8) ; Jésus se sert ici du signe du lavement des pieds pour représenter la purification de l'âme, car il a déjà fait savoir que le fait d'avoir une part avec lui ne dépend pas du lavement des pieds, mais de la purification de l'âme.

Jean se sert, de la même manière, de l'image remplaçant la réalité par le signe qui la représente, lorsqu'il dit : « le sang de Jésus son fils nous purifie de tout pêché » (1 Jean 1 :7). Il est évident que le mot sang représente ici les souffrances et la mort expiatoire de Jésus. Le seul élément qui puisse effacer le pêché et purifier l'homme de sa souillure.

- **Prosopopée**

Cette image est utilisée lorsque l'on veut personnifier des êtres inanimés, leur attribuant des actes propres à des personnes. Exemple : 1 Corinthiens 15 :55 « oh mort, où est ta victoire ? »

L'apôtre Pierre emploie la même image lorsqu'il parle de l'amour et se réfère à la personne qu'il exerce. Il dit l'amour couvre une multitude des pêchés dans 1 Pierre 4 :8.

Le prophète s'exclame en ces termes : « les montagnes et les collines éclatent d'allégresse devant vous, et tous les arbres de la campagne battant des mains » (Esaïe 55 :12).

Dans ce passage, les montagnes et les collines représentent des personnes éminentes, et les arbres désignent des personnes humbles,

Psaumes 85 :11-12 où on fait allusion à l'abondance des bénédictions qui appartiennent au royaume de messie. « la bonté et la fidélité se rencontrent, la justice et la paix s'embrassent, la fidélité germe de la terre et la justice regardent du haut cieux ».

- **Ironie**

On utilise cette figure que l'on exprime le contraire de ce qu'on le veut dire, mais toujours d'une manière telle que le vrai clairement démontré. Exemple : Paul emploie cette figure lorsqu'il appelle les faux docteurs et faux prophètes, faisant comprendre qu'ils ne sont pas vrai. (2 Corinthiens 11 :5 ; 12 :11).

- **Hyperbole**

Il s'agit de l'image ou de la figure dont on se sert pour représenter une chose comme étant la plus ou plus petite qu'elle l'est en réalité, afin de la rendre plus vivante à l'imagination.

L'hyperbole à l'instar de l'ironie est très peu utilisée dans les écritures, mais on la rencontre cependant de temps à autre. Exemple : Nombres 13 :33 ; Deutéronome 1 :28 ; Jean 21 :25.

- **Allégorie**

C'est une figure de rhétorique qui se compose généralement de différentes métaphores unies entre elles et dont chacune représente une réalité correspondante. Exemple : Jésus a fait une exposition allégorique de ce genre, lorsqu'il a dit : « je suis le pain vivant qui est descendu du ciel » (Jean 6 :51-54).

- **Fable**

C'est une allégorie narrative peu utilisée dans les écritures, dans laquelle on expose un acte ou une circonstance sans la forme d'un récit à l'aide de choses et animaux que l'on personnifie.

- **Enigme**

L'énigme est également une sorte d'allégorie mais sa résolution s'avère plus profonde et difficile. Exemple : l'énigme de Samson dans Juges 14 :14 ; Proverbes 30 :24

- **Parabole**

C'est une forme d'allégorie qui est présentée sous la forme d'une histoire, qui relate des actes naturels et des incidents possibles et qui a toujours pour objet d'éclairer ou d'illustrer une ou plusieurs vérités importantes. Exemple : Luc 18 :1-7. Il est nécessaire de chercher quel est le but autrement dit quelle est la vérité où qu'elles sont les vérités qu'elles illustrent.

**Conseil :**

1) Il convient de faire de faire très attention dans l'interprétation des proverbes et en particulier tout ce qui nous semble plus difficile à interpréter.
2) Les proverbes peuvent revêtir la forme de métaphore, des paraboles et d'allégorie.
3) Etudiez le contexte qui est souvent la clé même de l'interprétation.
4) Quand tous les efforts sont entrepris pour clarifier le sens, ont échoué, il vaut mieux d'arrêter votre réflexion en attendant d'éclaircissement.
5) N'hésitez pas à faire appel à des commentaires écrits par des érudits, qui connaissent des langues originales de la Bible et peuvent vous apporter des conclusions.
6) Méditez pour grandir en esprit

7) Priez pour être éclairés
8) Appliquer les vérités découvertes dans les écritures
9) Devenez d'abord une prédication avant de devenir un prédicateur

**Sommaire**

yes

I want morebooks!

Buy your books fast and straightforward online - at one of world's fastest growing online book stores! Environmentally sound due to Print-on-Demand technologies.

Buy your books online at
**www.morebooks.shop**

Achetez vos livres en ligne, vite et bien, sur l'une des librairies en ligne les plus performantes au monde!
En protégeant nos ressources et notre environnement grâce à l'impression à la demande.

La librairie en ligne pour acheter plus vite
**www.morebooks.shop**

info@omniscriptum.com
www.omniscriptum.com

Printed by Books on Demand GmbH, Norderstedt / Germany